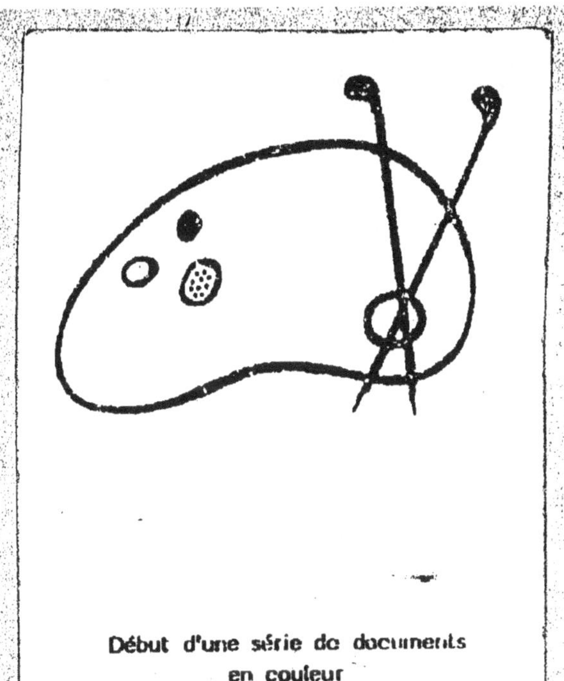

Début d'une série de documents
en couleur

AF262494

NOTICE

CONSTRUCTION D'UNE CARTE

DE

L'ILE DE CHYPRE

PAR

M. L. DE MAS LATRIE

PARIS

TYPOGRAPHIE DE AD. LAINÉ ET J. HAVARD,

19, RUE DES SAINTS-PÈRES, 19.

1862

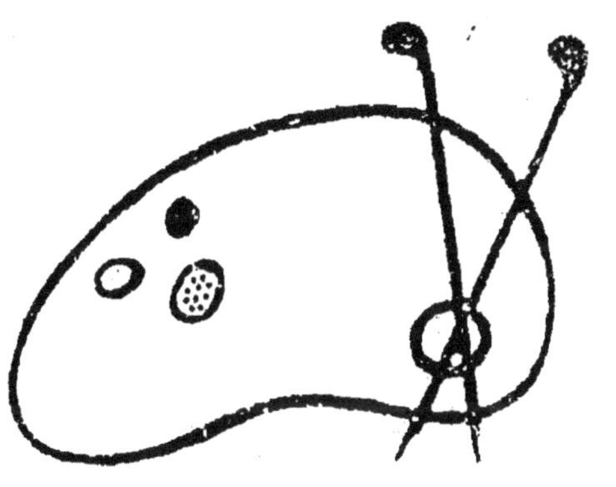

Fin d'une série de documents
en couleur

Couverture inférieure manquante

[SUR LA

CONSTRUCTION D'UNE CARTE

DE L'ILE DE CHYPRE.

Tout voyageur, en parcourant un pays dont on n'a pas encore de carte détaillée et mathématiquement exacte, peut rendre de grands services à la géographie par les plus simples observations, sans avoir besoin d'effectuer les opérations rigoureuses de la triangulation. Il lui suffit, la boussole et le crayon à la main, de noter avec attention et intelligence la direction et les accidents de sa marche. Les plus simples mentions, dans cet ordre de faits : l'orientation réciproque de deux villages, la distance de deux localités voisines, l'élévation ou la déclivité du terrain entre l'une et l'autre, le passage d'un pont ou d'un gué, la rencontre d'une fontaine, d'un bois ou d'une vieille chapelle, toutes ces circonstances, en apparence insignifiantes, de l'itinéraire, réunies en un journal ou résumées sur une carte, apportent un contingent extrêmement profitable à la géographie et souvent à l'histoire. Pococke, Drummond, Tournefort, Peyssonnel, Shaw, n'ont pas employé d'autres méthodes, et l'on sait de quelle utilité sont les cartes et les relations de ces savants voyageurs.

Si je me permets de citer mes travaux après des noms si recommandables, c'est que, d'une part, je crois n'avoir rien négligé, en dehors des procédés géodésiques, de tout ce qui pouvait m'aider à constituer une carte actuelle de l'île de Chypre, et que, d'autre part, les résultats auxquels je suis arrivé, par des moyens à la portée de tout le monde, ont obtenu l'approbation des géographes les plus compétents. Qu'il me suffise de nommer

1

M. Walckenaer, le colonel Lapie, le général Pelet, le capitaine Graves, de la marine britannique, et M. Jomard.

Je vais donc décrire la manière dont j'ai dressé ma carte et expliquer comment je l'ai successivement augmentée, je puis dire enrichie, mais non complétée, d'indications nouvelles, indépendantes de mes premières observations faites directement dans le pays. Ma description ne sera qu'une mention rapide de la méthode que j'ai suivie et des matériaux géographiques ou statistiques que j'ai eus à mettre en œuvre. Un volume serait nécessaire pour exposer en détail et pour discuter, avec quelque suite, les observations et les documents qu'il m'a fallu rapprocher et combiner.

1. Périmètre de l'île.

Quand je me rendis en Chypre pour la première fois, en 1845, le meilleur contour de l'île était celui qu'avait donné le capitaine Gauttier, dans sa carte du *Bassin oriental de la Méditerranée*, publiée par le dépôt de la marine, sous le ministère de M. d'Haussez. L'échelle adoptée par le capitaine Gauttier étant infiniment trop petite pour un travail spécial et détaillé, j'en demandai et obtins au ministère de la guerre un agrandissement à l'échelle de $\frac{1}{250.000}$. C'est un développement bien suffisant et très-commode pour tous les itinéraires. Je l'ai toujours conservé depuis, et il forme la mesure normale de ma carte définitive.

Pour donner une idée de la grandeur relative de cette échelle, je rappellerai que la carte de France dressée par l'état-major est au quatre-vingt-millième $\frac{1}{80.000}$; c'est-à-dire qu'un millimètre de cette carte répond à 80 mètres du terrain. Son échelle est donc un peu plus grande que celle de Cassini, dans laquelle une ligne représente 86,400 toises. Ma carte étant au deux-cent-cinquante-millième, c'est-à-dire un millimètre y répondant à 250 mètres de terrain, son échelle est un peu moindre que le tiers de la grande carte de France de l'état-major. Elle a cependant une surface très-suffisante, comme je le disais, et toutes les particularités saillantes d'un itinéraire peuvent y être facilement figurées ou mentionnées, jusqu'aux plus simples accidents du terrain. Une lieue commune, de 25 au degré, y occupe un espace de dix-sept millimètres.

J'ai obtenu, en 1849, tout ce que l'on pouvait désirer de plus exact pour le périmètre de l'île de Chypre, par la publication de la carte marine de l'île due à l'amirauté anglaise, et grâce à la connaissance que je m'estime heureux d'avoir faite de son auteur, le capitaine Graves, mort depuis quelques années à la Floriane, faubourg de Cité La Valette, où il goûtait le repos dû à ses longs voyages, en remplissant les fonctions de commandant du port de Malte. C excellent homme voulut bien mettre à ma disposition entière ses notes sur les côtes de Chypre, ses dessins, son itinéraire et une précieuse nomenclature des villages de l'île avec leurs noms grecs et turcs, bien plus détaillée que les listes que j'avais précédemment obtenues de l'archevêché grec de Nicosie, bien que cette nomenclature elle-même ne soit pas tout à fait complète encore, comme je le montrerai plus loin.

Le tracé maritime du capitaine Graves, dont l'échelle se trouvait être la même que j'avais précédemment adoptée, est devenu le nouveau tracé de ma carte actuelle. Cette amélioration du contour de l'île n'a pu d'ailleurs influer sur le détail de mes itinéraires et de mes observations dans l'intérieur, qui tous avaient été d'abord portés dans l'ancien périmètre agrandi du capitaine Gauttier.

2. Procédé employé pour tracer mon itinéraire.

Après avoir marqué, sur les bords et dans l'intérieur de l'île, les positions bien déterminées de Larnaca, Nicosie, Famagouste, Cérines, Limassol et Paphos, voici comment j'ai procédé pour tracer mes itinéraires et pour y rattacher, chemin faisant, le plus d'observations que je pouvais recueillir.

J'avais, avant mon départ, étudié la vitesse de ma monture, et calculé qu'elle parcourait, en moyenne, 1 kilomètre par quart d'heure dans la plaine ; ce kilomètre et ce quart d'heure, qui répondent à peu près, dans l'échelle actuelle de ma carte, à 0,004 millimètres ou presque un demi-centimètre, a été mon unité. C'est d'après cette base que j'ai calculé toutes mes distances, notant attentivement, la montre à la main, l'heure et la minute du départ, les moments de halte et le moment où je me remettais en route, tenant compte, aussi exactement que je le pouvais, des accidents qui modifiaient la marche, en l'accélérant ou la retardant dans les pays de montagne. Tout cela, je le sais, n'est qu'approximatif. J'ai cependant la confiance que mon itinéraire et ma carte, si l'on veut bien les comparer aux cartes anciennes de l'île, à celles qu'ont publiées notamment Pococke, Coronelli, Jauna et Reinhard, ajouteront beaucoup à la connaissance géographique de l'île de Chypre, et rectifieront de nombreuses erreurs de position et de dénomination.

Pour les directions, je me suis servi de la boussole construite par le capitaine Burnier, petit instrument d'un emploi très-facile, même à cheval. L'aiguille est fixée à un cercle gradué qui tourne sur un pivot, suivant les inclinaisons diverses de la marche par rapport au méridien; les chiffres du cercle se présentent à l'œil de l'observateur par une ouverture pratiquée dans l'épaisseur de la boîte et munie d'un verre grossissant. Un arc de cercle en cuivre se relève au-dessus de la boîte et soutient, par un mouvement de tension, une soie ou un crin de cheval, qui marque sur le cercle la graduation précise du lieu que l'on vise. Un petit pied adapté à la boîte permet de tenir facilement la boussole à la main si on est à cheval, ou de la fixer au bout d'un bâton, dont on plante l'autre extrémité dans la terre, si on veut faire une observation à pied et avec plus de loisir.

Je prenais ainsi l'angle de ma route toutes les fois qu'elle changeait sensiblement dans sa direction générale. Du village où je me trouvais, je visais, quand il m'était possible, le village où je me rendais, répétant l'observation, une fois parvenu à celui-ci, quand le temps et les lieux me le permettaient. En arrivant dans les montagnes, je ne manquais pas de tenir compte de l'élévation et de la position relative des villages, de noter (à vue d'œil) l'élévation, ou les descentes principales et les hauteurs relatives des villages que je traversais. J'ai pris, au moyen du baromètre Bunten, et quelquefois au moyen de l'appareil à ébullition de M. Regnault, dont je m'étais muni, la hauteur des points principaux des montagnes du Kantara, du Saint-Hilarion [1];

---

1. Je citerai un exemple de ces observations, qui sont fort simples à exécuter et pour lesquelles il suffit de se laisser guider par les formules et les tables de M. Oltmanns, imprimées dans l'Annuaire du Bureau des longitudes. Voici mes calculs pour trouver la hauteur du Saint-Hilarion ou Dieu d'Amour.

Observation faite sur la tourelle la plus élevée du château de Saint-Hilarion, le 22 janvier 1846, à trois heures et demie du soir. Beau temps, chaud.

Thermomètre libre, à l'ombre, 9°.
Baromètre : haut, 374,9
——————— bas, 327,7
702,6
Therm. du barom. = 10°.

du Stavro-Vouni et du Mont-Olympe ou Troodos, qui sont, avec le Machera, où je n'ai pu aller, les pics culminants du système orographique de l'île. Afin de remédier, en partie au moins, au défaut de l'observation simultanée au bas de la montagne, j'avais, pendant mon séjour à Larnaca, dressé une table d'observations à des heures et par des temps très-variés, de façon à pouvoir y choisir, pour l'état du baromètre au bord de la mer, des conditions à peu près semblables à celles où j'étais au haut de la montagne. Il y a toujours erreur dans le calcul, mais, par ce moyen, l'erreur est bien moindre.

C'est en coordonnant toutes ces observations que j'ai dressé

Observation la plus rapprochée dans les tables que j'ai dressées à la Marine de Larnaca, au bord de la mer. Le 2 janvier 1846, à trois heures du soir. Beau temps.

$$\text{Thermomètre libre} = 15^{o}$$
$$\text{Baromètre : haut, } 405{,}5$$
$$\underline{\hspace{3cm}\text{ bas, }\quad 360{,}6}$$
$$765{,}5$$

Therm. du barom. $= 16^{o}{,}5$.

La marine, station inférieure, $h = 765{,}5$ et répond dans la première table de M. Oltmanns à $6{,}208^{m} = a$.

Saint-Hilarion, station supérieure, $h' = 702{,}6$ et répond dans la première table de M. Oltmanns à $5{,}523^{m}{,}8 = b$.

T, T' représentant les températures centigrades des thermomètres adhérents aux baromètres, et t, t' étant les températures des thermomètres à air libre, nous trouvons que $T - T' = 16^{o}{,}5 - 10 = 6^{o}{,}5$ et répond dans la seconde table à $9^{m}{,}5 =$ qui seront pour nous c.

$$t + t' = 15^{o} + 9^{o} = 24^{o}.$$

D'après la formule donnée par M. Oltmanns, nous voyons déjà que la hauteur approchée du Saint-Hilarion est : $a - b - c$, c'est-à-dire : $6208 - 5523{,}8 - 9{,}5$, ou $674^{m}{,}7$.

Il y a maintenant deux corrections à faire sur cette évaluation afin d'approcher davantage de la hauteur vraie.

Pour la première correction, dépendant de la température des couches d'air, je trouve qu'il faut ajouter $32^{m}{,}4$ par suite de ce calcul :

$$\frac{675}{1000} \times 2\,(t + t') = \frac{675}{1000} \times 48 = \frac{52100}{1000} = 32{,}4.$$

La hauteur s'élève donc à $707^{m}{,}1$.

La deuxième correction, relative à la latitude (35°), nous fait ajouter encore, d'après la troisième table, $2^{m}{,}6$, ce qui nous donne pour hauteur totale $709^{m}{,}7$.

Je trouve donc, sauf erreur, que le Saint-Hilarion est élevé de 709 mètres ou 2,129 pieds au-dessus du niveau de la mer. C'est à peu près les deux tiers de la hauteur du Vésuve et la moitié du Puy-de-Dôme. (*Archives des missions scientifiques*, t. Ier, p. 179, 1850.)

mon itinéraire et placé toutes les localités traversées ou aperçues dans ma route.

3. Compléments apportés à mon itinéraire.

A ce premier réseau, qui contournait déjà l'île et la coupait à deux ou trois endroits, j'ai ajouté les indications fournies par les gens du pays sur les villages ou les districts qu'ils avaient vus, les itinéraires publiés ou inédits de quelques voyageurs et un grand nombre de positions marquées sur les cartes de l'île que j'ai pu connaître.

Les positions placées sur ma carte d'après les renseignements des gens du pays, ou empruntées aux anciennes cartes, ne sont que des indications relatives et bien approximatives. Vérifiée sur le terrain, je ne doute pas que cette partie de mon travail ne soit considérablement corrigée et améliorée. Les côtes, plus courues, sont en général mieux connues. Mais il y aura nécessairement de nombreuses rectifications à opérer dans toutes les parties hautes du Lefka, du Paphos, de l'Avdimou, et du Morpho, dans toute la région de l'Olympe et du Machera. Les positions du Kilani sont entièrement à revoir. Tout ce que je puis espérer, c'est d'en avoir indiqué à peu près l'orientation générale par rapport au chef-lieu; mais les distances sont bien incertaines.

J'énumérerai plus loin les divers itinéraires rattachés à ma propre route dans l'île, parce que ce genre de renseignements mérite une attention particulière. En ce qui concerne les anciennes cartes des seizième, dix-septième et dix-huitième siècles, je me suis bien gardé de leur emprunter, pour les transporter sur la mienne, toutes les positions qu'elles donnent. Je me serais exposé d'abord à répéter, après cinq ou six éditions, souvent moins exactes les unes que les autres, des noms qui se sont de plus en plus défigurés sous la main des copistes et des graveurs ; j'aurais, en outre, donné une carte de l'île de Chypre qui n'aurait plus été en rapport avec l'état présent du pays, car j'estime que près de cent villages, au moins, ont été entièrement ruinés depuis la conquête turque et ne conservent plus aujourd'hui un seul habitant. J'ai préféré, en restant incomplet sur bien des points, donner avant tout une carte moderne et actuelle de l'île. Je n'ai voulu admettre et placer que des localités dont l'existence m'était attestée soit par mes informations personnelles, soit par des documents certains et récents.

J'ai eu, à cet effet, d'inappréciables secours dans la liste des villages chrétiens dressée en 1841, pour la perception des impôts, par ordre du gouverneur Talaat-Effendi, dont j'ai obtenu une copie, et dans la nomenclature des mêmes villages qu'on m'avait communiquée à l'archevêché grec de Nicosie, et que j'ai retrouvée plus complète dans les papiers du capitaine Graves. Les mémoires divers mis à ma disposition par MM. Forcade et Théodore Goepp, successivement consuls de France à Larnaca, les itinéraires et les notes de M. Cerruti, consul de Sardaigne, et de M. Louis Cerruti, son frère, attaché au consulat, m'ont fourni aussi des indications sur la statistique de l'île et les divers villages turcs, grecs et maronites, que j'ai distingués les uns des autres par des signes particuliers.

Au moyen de tous ces renseignements j'ai pu tripler au moins le nombre des localités de mon premier tracé; mais, je demande à le répéter, je n'ai jamais porté un village sur ma carte (sauf les villages abandonnés, dont j'ai quelquefois indiqué la position comme souvenir historique), que son existence ne fût bien constatée, et sa position donnée au moins approximativement par des gens du pays ou par des cartes antérieures.

4. Cartes de Chypre existant actuellement.

Les anciennes mappemondes et les vieux portulans, dressés pour les besoins de l'enseignement, et plus souvent pour l'utilité de la navigation et du commerce, sont généralement sur des proportions si restreintes, quoique grandes dans leur ensemble, que les petits pays, comme les îles, n'y ont pas d'indications bien nombreuses.

Le portulan de la Cava, près de Naples, tracé, au treizième siècle, sur une peau de mouton, le portulan de Pierre Vesconte (1318), du musée Correr, à Venise [1], la carte anonyme [2] de la bibliothèque Saint-Laurent, à Florence (1351), la belle mappemonde des Pizzigani de Parme (1367), dont notre Bibliothèque

---

1. Écrit sur parchemin collé sur tablettes de bois. L'exemplaire est ainsi signé : *Petrus Vesconte de Janua fecit istam tabulam in Venicia, anno Domini M°. CCC°. XVIII.*

2. Anonymi Tabula nautica. Gaddiani reliquiæ, n° 9.

impériale a récemment acquis une fidèle copie, l'atlas catalan, publié par Buchon (1375), l'atlas de Vincent Pinelli (1384), le portulan de Messine (1404), la carte d'André Biancho de Venise [1] (1436), la magnifique mappemonde de Fra Mauro, à la bibliothèque Saint-Marc (1460), la carte de Benincasa d'Ancône, faite à Rome, en 1467, l'atlas, enfin, de Juan de la Cosa, dressé, en 1500 : tous ces monuments si précieux, si réellement curieux, de l'histoire de la géographie et des découvertes géographiques, auxquels j'ajouterai l'*Isolario* de Barthélemy Zamberto [2], imprimé à Venise, en 1477, sont peu utiles pour l'étude détaillée d'un pays qui n'a pas une grande étendue, parce que les reproductions y descendent à des mesures trop réduites.

Dans chacune des cartes que je viens de mentionner, c'est à peine si l'île de Chypre occupe, d'un cap à l'autre, un développement de cinq ou six centimètres. Les noms inscrits sur cet étroit espace sont cependant au nombre de dix à vingt ; mais ce sont généralement les noms des ports les plus fréquentés, des caps les plus signalés, et par conséquent les positions ordinairement les mieux connues.

Les premières cartes détaillées et spéciales que nous ayons de l'île de Chypre sont du seizième siècle, du temps de la domination vénitienne ; et les plus anciennes sont restées les meilleures, si j'en excepte celle que grava à Rome, en 1562, Ferrand Bertelli, encore trop sommaire et peu exacte.

Voici l'indication de toutes les cartes particulières que je connais et dont je me suis servi, ou que j'ai consultées du moins, pour compléter mon premier travail.

1. Carte de Venise de 1566. *Cyprus*, etc. Expensis Joh. F. Camotii. Venetiis, M. D. LXVI.

2. Carte de Venise de 1570. *Cyprus insula*. Venetiis, ad signum Pyramidis. M. D. LXX.

3. Carte de Paul Forlani, 1570. Al molto magnifico signore il signore Ottavio del Bene (de Vérone) Paolo Forlani Veronese. Venetia, il x maggio 1570.

4 et 5. Cartes d'Ortelius. La première : *Cyprus insula*, dans un

---

1. Bibliothèque Saint-Marc. Mss. latins, n° LXXVI.

2. B. Zamberto, dit des *Sonnets*, à cause des sonnets qu'il a consacrés à la plupart des îles représentées dans son *Isolario*. Les cartes y sont dessinées et rubriquées à la main.

long cartouche horizontal, au bas, à droite. Sans nom, lieu, ni date. Souvent réunie sur une même feuille avec l'île de Candie. La seconde, plus grande, occupant une feuille entière : *Cypri insulæ nova descriptio*, 1573. Sans nom, ni lieu. Au bas, à droite, dans un cartouche rond, l'île de Lemnos. Les deux cartes appartiennent au *Theatrum orbis terrarum*. Anvers, 1570-1573.

6. Carte de Mercator, 1595. *Cyprus insula*, sans nom, lieu, ni date, mais reconnaissable aux différentes îles de l'archipel (Stalimène, Chio, Négrepont, Rhodes, etc.) représentées au bas. Extraite de l'*Atlas sive Cosmographicæ meditationes*. Duisbourg, 1595. 2ᵉ édit., Amsterdam, 1607.

7. Carte de Blaeu, 1635. *Cyprus insula*, sans nom, lieu, ni date. Au bas, Vénus traînée par des cygnes. Dans le haut, deux écus, l'un aux armes des Lusignans, l'autre avec trois croissants. Provenant de l'*Atlas* de Blaeu, Amsterdam, 1635.

8 et 9. Cartes de Coronelli, 1696. Une première carte, *Isola di Cipro*, sans nom, lieu, ni date. Au-dessus de l'île : *Mare di Soria*. Petite et sommaire, mais indiquant les limites générales des onze contrées de l'île sous les Lusignans et les Vénitiens. Une seconde carte, sur une grande feuille, n'indiquant pas les limites des contrées ou provinces, mais donnant de nombreuses positions : *Acamantis insula, hoggidi Cipro, posseduta dalla repubblica Veneta sin all' anno 1571, dedicata all' illustriss. G. B. Cornaro Piscopia, procuratore di San Marco, dal P. cosmografo Coronelli*, avec les armes du roi Pierre Iᵉʳ de Lusignan, visibles encore aujourd'hui sur la frise du palais Loredano, ancien palais Cornaro Piscopia, actuellement *Hôtel de la Ville*, à Venise, différent et voisin de l'Hôtel de Ville ou *Municipio*. Carte sans date et sans lieu, comme la précédente, mais l'une et l'autre faisant partie de l'*Isolario* de Coronelli. Venise, 1696.

10. Carte de Mariette. *Cyprus insula*, sans lieu, ni date. C'est un tirage du cuivre de Blaeu, auquel on a enlevé la Vénus, en conservant les deux écus du haut.

11. Carte de Guill. Delisle, 1726. *Carte particulière de la Syrie et de l'île de Chypre, dressée pour l'intelligence de l'histoire de Malte*, petite et fautive.

12. Carte de Pococke, 1745. *A Map of Cyprus*, dans son voyage : *Description of the East*, Londres, 1745, t. II. Carte de petite dimension, mais riche d'indications et d'observations personnelles.

13. Carte de Drummond, 1754. *Map of the Island of Cyprus, by*

A. Drummond, consul à Alep. C'est surtout la carte des itinéraires fort utiles de Drummond dans l'intérieur de l'île. Les noms sont très-défigurés, *Travels*, etc. Londres, 1754, in-folio.

14. Carte de Reinhard, 1766. *Cyprus, facies hodierna*, avec l'écu des rois Lusignans, et au-dessous l'épée et la banderole de l'ordre de l'Épée, en haut à l'angle gauche. Sans lieu, nom, ni date. Provenant du tome II de son Histoire de Chypre, *Geschichte*, etc. Erlangen, 1766.

15. Carte de Jauna, 1785. *Acamantis insula, nunc Cyprus*, avec l'écu des Lusignans chargé de l'écu de l'ordre de l'Épée, à droite, au bas. Sans nom, ni date. Provenant du tome Ier de l'*Histoire générale des royaumes de Chypre, Jérusalem et Arménie*. Leyde, 1785. Copie de Coronelli.

16. Carte grecque manuscrite du Dépôt de la marine à Paris. Sommaire et peu exacte.

17. Carte manuscrite de M. Marcel Cerruti, consul de Sardaigne à Larnaca. 1844-1847.

18. Carte du capitaine Graves, 1849. *Cyprus, called by the Turks Kibris, the antient Kupros, surveyed* by captain Thomas Graves, **H. M. S.** Volage. 1849.

19. Carte de MM. Gaudry et Damour, 1854 : *Essai d'une carte agricole de l'île de Chypre*, par MM. Albert Gaudry et Amédée Damour, *dressé d'après la carte géographique inédite de M. de Mas Latrie*[1]. C'est par amitié et par un scrupule de délicatesse que MM. Gaudry et Damour, obligés de faire paraître leur publication avant la mienne, ont voulu mentionner ma carte. Mon travail, essentiellement géographique, n'a pu vraiment leur être bien utile. J'ai, au contraire, beaucoup profité du leur. Toute la partie orographique, indiquant la direction et les formes des chaînes des montagnes dans le nord et dans l'ouest de l'île, leur appartient en entier. Ils ont déterminé les limites des pays de vignobles bien plus exactement et plus complétement que je ne l'avais fait. Ils ont, dans leur itinéraire géologique à la recherche des anciens gisements métallifères, pénétré dans des cantons de l'île où le temps ne m'a pas permis de me rendre, retenu que j'étais plus souvent dans les villes de la côte et à Nicosie.

---

1. Dans l'ouvrage intitulé : *Recherches scientifiques en Orient, entreprises par les ordres du gouvernement pendant les années 1853 et 1854*, par M. Albert Gaudry, Paris, 1855, Impr. impér., grand in-8.

5. Itinéraires divers.

Les itinéraires sont, dans les voyages et dans les cartes, la partie la plus intéressante et la plus utile pour la géographie proprement dite. On y voit, résumé d'une manière rapide et synoptique, tout l'ensemble du voyage, son étendue et ses résultats principaux. Il n'y a là ni hésitations ni conjectures. L'auteur n'y rapporte pas sur ouï-dire des renseignements plus ou moins certains. Ses indications sont chacune autant d'affirmations positives et précises, qu'il donne sous son propre témoignage, avec des distances et des directions arrêtées. Il peut se tromper, il se trompe souvent; mais on doit, néanmoins, consulter cette partie de son travail avec le plus de confiance. On peut être certain que c'est celle à laquelle il a porté le plus d'attention, parce que sa personnalité et sa responsabilité y sont le plus directement intéressées.

Aussi ai-je recueilli avec le plus grand soin tous les itinéraires que j'ai pu me procurer. Ils ne sont malheureusement pas très-nombreux. Je les mentionnerai ici dans leur ordre chronologique, et avec les numéros que je leur ai conservés sur ma carte, afin de les distinguer et de les suivre séparément, même dans les espaces où ils se réunissent :

1. Pococke. 1738.
2. Drummond. 1747.
3. Mariti. 1768.
4. Ali Bey. 1807.
5. M. le général Callier. 1833. Ms.
6. MM. Marcel et Louis Cerruti. 1844-1847. Ms.
7. Mon itinéraire. 1845-1846.
8. M. le capitaine Graves. 1847.
9. MM. Gaudry et Damour. 1854.

6. Importance relative des villages et leur nationalité.

La liste des villages chrétiens dressée par les soins de Talaat-Effendi ne m'a pas seulement servi, comme les nomenclatures de l'archevêché et du capitaine Graves, à constater l'existence des localités dont les cartes et les itinéraires me donnaient, par approximation, la place. La liste du gouverneur indiquant le nombre d'imposés chrétiens de chaque bourg ou village, à l'exception de Nicosie, la capitale, mise en dehors et qui n'appartient à aucun district, j'ai pu, d'après cet élément, retrouver à peu près le chiffre total de la population de chaque localité et marquer son importance relative, quant à la partie chrétienne de ses habitants, du moins. Au moyen de signes particuliers, j'ai distingué les villages ayant moins de 35 contribuables ou 200 habitants, ce sont les plus nombreux ; ceux qui fournissent de 35 à 85 contribuables, et enfin les bourgs qui possèdent au moins 85 contribuables, chiffre représentant une population environ de 400 à 500 habitants. On peut compter, en effet, dans chaque localité, cinq à six habitants pour un contribuable, les femmes, les enfants, les papas, les caloïers et tous les autres membres du clergé se trouvant encore, en 1841, exemptés de l'impôt, privilége qui a cessé vers 1845. Ces chiffres ne se rapportent qu'à la partie chrétienne de la population, c'est-à-dire aux Grecs, aux Maronites et aux Arméniens, tous raïas et sujets du Grand Seigneur. Les Maronites, d'ailleurs, accablés de vexations jusqu'à ces derniers temps par les Grecs, sont bien diminués en Chypre. Ils ne forment guère qu'une population de douze à treize cents âmes, et n'ont plus que cinq ou six villages dans le district de Lapithos et Cérines. Quelques-uns habitent en outre Nicosie et la Scala. Un seul village, Haïos Makarios, près de Cérines, conserve encore une petite population arménienne.

Je trouve qu'il y a environ en Chypre 130 villages ou bourgs turcs exclusivement ou presque exclusivement. Je n'ai pas le chiffre distinct de la population de chacun de ces villages, mais on calcule que l'ensemble de la race musulmane dans l'île est le tiers à peu près de la population générale et s'élève à 33 ou 34,000 âmes. Les Turcs payent aussi un impôt nommé *salguin* équivalant à peu près au cinquième de la contribution que l'île doit rapporter au gouvernement. Un signe particulier distingue des autres localités de ma carte les villages turcs dont j'ai pu connaître la position.

7. Limites des districts actuels de l'île.

L'état de Talaat-Effendi m'a encore servi à tracer, à ébaucher, au moins, les limites entre les divers districts de l'île, et je ne crois pas me tromper en attachant une réelle utilité à cette partie de mon travail, quelque approximative qu'elle soit sous le rapport physique, parce qu'aucun essai semblable n'a été tenté sur les cartes anciennes ni modernes.

Quelques-unes des anciennes cartes, de petite dimension et peu chargées de noms, comme les cartes de Venise de 1570 et la première carte de Coronelli, indiquent bien d'une manière générale les limites des onze contrées de l'île ; mais, dès que l'échelle s'agrandit et que le terrain se charge un peu, comme dans la carte de 1566, dans la grande carte de Coronelli et dans les autres cartes spéciales, on ne marque plus la division des districts ou des contrées, parce qu'on n'a su où placer les lignes de démarcation qui devaient séparer les villages respectifs de chaque district. C'est la délimitation que j'ai cherché à effectuer sur ma carte, délimitation qu'il m'eût été impossible de retrouver et de figurer sans les tableaux de Talaat-Effendi et du capitaine Graves.

La liste de Talaat répartit les villages de Chypre en onze districts seulement, mais plusieurs de ces départements sont doubles et formés de deux territoires, tour à tour séparés ou rapprochés suivant les convenances de l'administration. Les listes de l'archevêché ou du capitaine Graves n'indiquent pas ces réunions de circonstance, et portent à seize le nombre des districts de l'île, qu'on appelle en turc *Cazábás*, en grec *Éparchies*. J'ai conservé cette subdivision la plus nombreuse, comme donnant un degré supérieur d'exactitude et de classification géographique.

C'est en m'aidant des notes, des tableaux et des cartes dont je viens de parler, que je suis arrivé à délimiter un peu exactement, et ainsi qu'il suit, les seize départements de l'île de Chypre. On verra que les divisions modernes répondent à peu de chose près aux *contrées* du temps des Lusignans et des Vénitiens, quoique le nombre et le nom des circonscriptions aient changé.

1. Le district de *Larnaka*, anciennement les Salines, paraît s'arrêter à l'ouest au petit ruisseau de Kalavasso, et s'étendre au N. jusqu'à Ora, au bas du mont Machera, qui reste dans l'Orini. Il comprend, toujours au N., les positions des deux Lefkara, le couvent du mont Sinaï, Chellia, ancien fief qui passa aux comtes de Morpho, et se termine vers l'est, au-delà de l'emplacement du village ruiné de Kasama, à la petite tour de Yéni-Kalé, en avant de Ridgelia, qui appartient à la Messorée.

2. Le *Limassol* confine à l'E. au district de Larnaca ; il est

borné à l'O. par le Garilli, qui le sépare du Piskopi; au N., il se termine dans les montagnes un peu boisées qui rattachent le Machera à l'Olympe, au-delà des positions d'Agro et de Saint-Théodore.

3. Le *Piskopi*, ordinairement réuni au Limassol, a des limites à l'O. et au N. qu'il ne m'est pas possible de déterminer géographiquement, entre l'Avdimou et le Kilani. Je pense qu'il finit vers l'ouest, au-delà du beau stade antique situé en vue de la mer, sur les hauteurs qui dominent la plaine de Piskopi, ancienne seigneurie des Cornaro Piscopia, branche différente de celle à laquelle appartient la reine Catherine.

4. Le *Kilani*. Je suis forcé, en l'absence de tous renseignements sur ce point, de donner des limites entièrement hypothétiques à ce canton, montagneux et riche en vignobles, ordinairement uni à l'Avdimou. La question est incertaine de savoir s'il comprend le mont Olympe. Les anciennes cartes semblent laisser tout le groupe de cette haute montagne, la plus élevée de Chypre, dans le Peudaïa, qui répond aujourd'hui au Lefka et au Morpho réunis.

5. L'*Avdimou* s'étend vers l'ouest au-delà du cap Blanc, jusqu'à un ravin au-dessus duquel j'ai vu les ruines d'un village qui était peut-être le village de Teras, marqué vers ce point par les anciennes cartes. Au nord, il confine avec le Lefka, au-delà d'Arsos; à l'est, il s'arrête aux limites indéterminées du Limassol et du Kilani.

6. Le *Paphos* est limité à l'ouest par le cap Melonta, près du village turc et du ruisseau de Malounta. D'après les états statistiques du gouverneur et de l'archevêque, il paraît suivre au nord les bords d'un ruisseau près duquel se trouvent les villages de Psathi et de Kanavghiou, près du beau monastère de Khrysoroghiatissa; à l'est, dans les hauteurs, il côtoie un ruisseau qui paraît devenir, près de la mer, le Hiéropotamos, dont le nom rappelle le voisinage de la vieille Paphos, aujourd'hui Kouklia; mais, en descendant au sud, ses limites s'éloignent nécessairement du Hiéropotamos, qui coule au milieu du Kouklia, et doivent reculer au moins jusqu'au ruisseau d'Aschelia.

7. Le *Kouklia*, généralement annexé au Paphos, est compris entre les deux ruisseaux qui terminent vers l'ouest le Paphos, et vers l'est par le Kilani. Ses limites au nord sont bien vagues,

et probablement le gouvernement de la Sublime Porte ne les connaît pas plus que moi.

8. *Krysokho*, *Khryokhou*, *Krysofou*. Je place la limite orientale de ce grand district où était, dans l'antiquité, une partie des célèbres mines de cuivre, sur le promontoire qui sépare les golfes de Pendaïa et de Khrysokho, au-delà du lieu dit Alexandreta, près de l'endroit où j'ai vu, dans les rochers du bord de la mer, de grandes croix, que les paysans m'ont dit marquer les limites des évêchés de Paphos et de Cérines. De ce point, en s'élevant dans l'intérieur, à travers le Tilliria et la forêt de l'Olympe, les limites sont bien conjecturales. Au sud, le Khrysokho finit à la ligne un peu incertaine où commence le Paphos.

9. Le district de *Lefka* confine à l'ouest avec le Khrysokho, et doit s'étendre vers l'est jusqu'au ruisseau de Karoudi, où paraît commencer le district moderne de Morpho. Dans le sud, il comprend, je crois, tout le massif de l'Olympe et le groupe de l'Adelphé, en s'arrêtant aux limites nord de l'Avdimou, du Kilani et du Piskopi.

10. Le *Morpho* se termine à l'est au ruisseau d'Angoulo, près de l'ancien village maronite de Bédélia, aujourd'hui abandonné. Les positions des villages de ce district situés vers le midi indiquent, si ce n'est rigoureusement, au moins d'une manière approximative, sa délimitation avec le Lefka et l'Orini, qui lui sont limitrophes. Le Morpho ne peut s'étendre, je pense, jusqu'au lieu dit *Palæo Khori* ou *Palia Khora*, près du petit port de Lefka. Le village du nom de Palæo Khori compris dans le Morpho, d'après les listes de Talaat et de l'archevêché, me paraît être le double village de Pano Palæo Khori, et Kato Palæo Khori, dont le premier appartient au Morpho, et le second à l'Orini, suivant M. Cerruti, qui est passé dans le voisinage des deux localités, en se rendant de Pharmaka à Agro. Le registre de Talaat confirme cette indication, en mentionnant deux positions de Palæo Khori, l'une, de 57 imposés, dans le Morpho, l'autre, de 51 contribuables, dans l'Orini.

11. L'*Orini* est un district intérieur, qui arrive, vers le nord-est, jusqu'aux portes de Nicosie. Il s'étend vers le sud jusqu'au-delà du Machera; mais aucun accident naturel ne me permet de le circonscrire d'une manière géographique.

12. Le *Kythræa*, nom que les paysans chypriotes prononcent

Chirga, comme ils ont fait *Chirkach* de Kyriaki, le Dimanche, est un district tournant autour de Nicosie, vers l'est, comme l'Orini enveloppe la capitale vers l'ouest, longeant l'Orini dans toute cette même direction de l'ouest, et aussi difficile à délimiter rigoureusement que ce district. Vers l'orient, le Kythræa est séparé de la Messorée, dans une certaine étendue, par l'Idalia ou Ialia; mais il ne suit pas longtemps le cours de ce ruisseau, auquel Dali a donné son nom, puisqu'il comprend les positions de Pétrophani et de Koschi. Au sud, il se termine au-delà de Dalikipos et de Mosphiloti, bien avant le mont Sainte-Croix. Ce district, qui faisait anciennement partie du Vicomté, arrivait au nord jusqu'à la mer. La carte de Venise de 1570, la carte de Paul Forlani, la petite carte de Coronelli, et même la carte manuscrite placée en tête de la chronique de Florio Bustron (MS. de Paris), quoiqu'elle soit un peu effacée en cette partie, indiquent très-suffisamment que les limites du Vicomté franchissaient la chaîne de montagnes de Cérines, en englobant le Pentédactylos, et qu'elles se terminaient au rivage même de la mer de Caramanie, à l'est du château de Buffavent, et à l'ouest du couvent de Malandrina. Les villages renfermés entre ces deux positions étaut positivement attribués par les états modernes (et même par quelques anciens, ce qu'il est nécessaire de constater) au district de Cérines, j'ai dû poser les limites du Kythræa au-delà de la chaîne de montagnes qu'il comprend avec toutes les belles sources du Képhalovrysi, mais en avant de ces villages.

13. Le *Kérynia*, district de Cérines et de Lapithos, est borné au sud-ouest par le ruisseau d'Angoulc, qui le sépare du Morpho. Il confine au sud avec le Morpho et l'Orini, en arrivant également aux portes de Nicosie. A l'est, il comprend les positions presque maritimes de Bélanissiko, Karmi et Khartzia, qui sembleraient avoir appartenu la plupart au Vicomté, d'après le prolongement donné à cette contrée par les petites cartes, et ne se termine qu'au-delà du village de Saint-Ambroise, Haïos Ambrosios, nom que les Turcs et les paysans grecs défigurent de deux façons différentes, en prononçant tantôt *Haï Grosch*, tantôt *Haï Vrossis* ou *Hevrésis*.

14. Le fertile district de la *Messorée*, *Messaoréa*, *Massaria* ou *Massargha*, touche à la mer de deux côtés, au sud et au nord. A l'ouest, il est borné par le Kythræa; à l'est par le Karpas et le district ou banlieue de Famagouste.

15. Le petit district de *Famagouste* est un territoire historique. En 1374, quand les Génois déclarèrent la guerre au roi
de Chypre, parce qu'ils étaient plus forts que lui, et que le
port de Famagouste convenait à leur commerce, ils s'emparèrent
de cette ville, s'obligeant formellement [1] à la restituer au roi
après le payement des indemnités de guerre. De momentanée,
l'occupation devint définitive, par le procédé connu, et, peu
de temps après, en 1383, un nouveau traité, imposé à un
prince captif, leur abandonna la place entière de Famagouste,
son port et sa forteresse, avec un territoire de deux lieues
autour de la ville [2]. En 1464, les rois de Chypre reprirent Famagouste ; néanmoins les habitants des deux lieues se consi-
dérèrent toujours depuis lors, sous les Lusignans et sous les Vénitiens, comme ayant droit à certains priviléges que les Génois
n'avaient pas manqué de leur accorder, pour rendre leur sort
enviable à leurs voisins [3]. Ainsi s'est créé, en dehors de toute
condition physique, et s'est conservé jusque sous les Turcs, qui
n'y comprennent rien, un canton, ou petit district exceptionnel,
de deux lieues de rayon autour de Famagouste, bien que, admi-
nistrativement et financièrement, la ville de Famagouste et son
territoire soient unis aujourd'hui au Karpas. — Les deux lieues
doivent commencer, vers le nord, au petit ruisseau qui se trouve
au-delà des ruines de Salamine et du monastère de Saint-Serge.
Elles comprennent positivement Limnia, laissent dans la Messorée Stylous, s'étendent au sud, jusqu'au-delà de Paralimni et
du petit lac de Paralimni, mais laissent aussi dans la Messorée
le village de Sotira, situé sur le bord occidental de cet étang.

16. Le *Karpas* est le vaste promontoire qui s'avance vers le
golfe d'Alexandrette et que les géographes arabes disent tenir au
continent d'Asie par une chaîne de montagnes sous-marines. Il
s'étend au sud jusqu'au ruisseau où commence le territoire de
Famagouste ; en remontant vers le nord, il s'arrête au ruisseau
de Trikomo, et finit sur la côte septentrionale du canal de Cara-

---

1. « Quod restituent civitatem Famagustæ cum castro et suburbiis, » etc. Traité
de Nicosie, du 21 octobre 1374. Sperone, *Real grandezza di Genova*, in-fol. Gênes,
1769, p. 106.

2. Traité de Gênes, du 19 février 1383, entre la république et le roi Jacques Ier de
Lusignan. Sperone, *loc. cit.*, p. 116.

3. Voy. *Histoire de Chypre*, t. II, p. 395, 472, n.; 476; t. III, p. 170, 485 et
suiv.

2

manie, entre Davlo, qui lui appartient, et Vlamoudi, qui est de la Messorée.

8. Limites des anciennes contrées sous les Lusignans et les Vénitiens.

Sous la domination des Lusignans, du moins dans les derniers temps, et sous la domination des Vénitiens, le royaume de Chypre était divisé en onze districts ou provinces qu'on appelait en français *contrées*, en italien *contrade*. C'étaient le Vicomté, la Messorée ou le Sivouri, le Karpas, le Cérines, les Salines, le Mazoto, le Limassol, l'Avdimou, le Paphos, le Pendaïa et le Khrysokho. Nous retrouvons ces divisions dans les 16 districts modernes. Quelques noms ont changé; le territoire de quelques contrées a été subdivisé en deux districts; d'autres contrées, au contraire, ne répondent plus qu'à une partie d'un district actuel; mais néanmoins, au milieu de ce déplacement, la généralité des circonscriptions anciennes se combine et s'adapte encore, pour ainsi dire, matériellement avec les limites des circonscriptions modernes.

1. Le *Vicomté*, dont Nicosie était le chef-lieu administratif, répond aux deux districts réunis de l'Orini et du Kythræa. L'état des villages de l'ancien royaume transcrit dans les mémoires de François Attar et du comte de Tripoli [1] établit cette concordance de la manière la plus certaine, puisque l'on retrouve dans la liste des localités du Vicomté celles qui aujourd'hui appartiennent aux deux districts indiqués. Le Vicomté s'étendait donc entre la Messorée et le Morpho, autrefois le Pendaïa, suivant les limites un peu vagues précédemment indiquées. Il faut croire, en outre, d'après les cartes anciennes, qu'il arrivait jusqu'à la mer de Caramanie, bien que les positions de Khartzia, Trapeza, Karmi et Saint-Ambroise, qui répondent à cette extension maritime du Vicomté, soient attribuées à la contrée de Cérines dans l'état du comte de Tripoli.

2. La *Messorée* comprenait, outre ses limites actuelles, la ville et le territoire de Famagouste, rattaché aujourd'hui au Karpas. Cette contrée porte aussi dans quelques cartes le nom de *Sivouri* et *Sygouri*, qui est le nom d'un canton particulier traversé par le Pidias, où les Lusignans avaient fait construire

---

1. J'ai donné quelques extraits de ces mémoires parmi les documents justificatifs de l'*Histoire de Chypre*, t. III, p. 519.

le Château-Franc, pour couvrir la route de Nicosie contre les entreprises des Génois de Famagouste.

3. Le *Karpas*, où était la forteresse de Kantara, une des défenses du royaume, répond à peu près au Karpas moderne, sans le canton de Famagouste.

4. Le *Cérines* avait les limites du district actuel de Lapithos et Kérynia, sauf l'entaille plus ou moins étendue, et plus ou moins certaine, que lui enlevait la continuation du Vicomté jusqu'à la mer.

5. Les *Salines* sont la partie orientale du district moderne de Larnaca, que les Turcs appellent toujours district des Salines, depuis la partie de la rade d'où part la Messorée, jusqu'au ruisseau d'Arpera ou de Chiti, qui le sépare du Mazoto.

6. Le *Mazoto*, nom d'un village, d'un cap et d'un petit canton situé entre le mont Sainte-Croix et la mer, comprenait dans sa circonscription la plus étendue toute la partie occidentale du Larnaca moderne; il était borné à l'est par le ruisseau de Chiti et à l'ouest par le village et le ruisseau de Kalavasso.

7. Le *Limassol* était formé des deux districts souvent réunis encore du Limassol et du Piskopi.

8. L'*Avdimou* ancien est la réunion de l'Avdimou et du Kilani modernes.

9. Le *Paphos* répond aux districts de Baffo et Kouklia.

10. Le *Pendaïa*, nom particulier du petit pays maritime que baigne le fond du golfe de Pendaïa, au nord de Lefka, comprenait autrefois les deux grands districts actuels de Morpho et de Lefka. Sa limite au nord était donc l'Angoulo; à l'est, les confins peu certains de l'Orini; au sud et à l'ouest, les limites mêmes du Lefka moderne.

11. Le *Khrysokho* enfin, que les Français appelaient la contrée de *Crusocques*, comportait, tout semble l'indiquer, la même étendue et les mêmes limites que le Khrysokho moderne.

Dans l'intérieur des contrées, il y avait, sans aucune régularité à cet égard, des subdivisions territoriales. Indépendamment des cantons ou pays de *Kythræa* et de *Tamasia* dans le Vicomté, du *Mazoto* proprement dit dans la contrée de ce nom, du *Pendaïa* et du *Myrianthoussa* dans le Pendaïa, et de l'*Akamas* dans le Khrysokho, les documents constatent l'existence de nombreux bailliages et de sergenteries, comprenant chacun plusieurs hameaux ou villages.

Ainsi on trouve mentionnés dans le Vicomté : les bailliages de *Palæ Khytro* et de *Lakadamia* ; dans la Messorée, ceux de *Si-vouri*, d'*Aschia*, *Sotira*, *Lefkoniko* et *Lyssi* ; dans le Karpas, un bailliage du *Karpas* ; dans le Cérines, le bailliage d'*Aradippo* ; dans le Limassol, celui de *Polemidia* ; dans le Paphos, les bail-liages d'*Emva*, d'*Aschelias*, de *Kouklia* et de *Mamogna* ; dans le Pendaïa, ceux de *Morpho*, de *Marethasse du comte* [1] et de *Ma-rethasse de la Réal* [2] ; dans le Khrysokho enfin, ceux de *Khry-sokho* et d'*Alexandreta*, pour les Français *Lexandrète*.

J'ai pu d'autant moins indiquer, même superficiellement, les limites de ces subdivisions, qu'il m'est prouvé que, outre le village ou les villages principaux du bailliage, un certain nom-bre de localités, quelquefois assez éloignées et appartenant même à des contrées différentes, dépendaient, au moins pour l'admi-nistration rurale, du village qui donnait son nom au bailliage, et dans lequel devait résider un officier civil ou peut-être sim-plement un agent du domaine royal.

9. Tableau des villes et villages de l'île.

Je n'ai plus que quelques mots à dire du tableau qui fait suite à cette notice et la complète. Je l'ai formé, avec le plus grand soin, de renseignements pris à des sources bien diverses.

Noms grecs et turcs. — J'ai réuni d'abord dans une première colonne tous les noms grecs des localités que m'ont donnés les listes de l'archevêché et du capitaine Graves. On remarquera dans cette nomenclature, dont j'ai conservé l'ordre et les divi-sions, un certain nombre de noms turcs déjà adoptés par les Grecs, comme Tatli Sou, Kourou Monastir, Kaïmakli, Yenidgé Keui, Orta Keui, etc.

A la suite du nom grec, se trouve le nom turc de la localité. Les noms de cette seconde colonne, presque tous fournis par le capitaine Graves, et originairement écrits en caractères arabes, ont été transcrits à ma demande et par ses soins en caractères romains.

Je disais qu'en plusieurs localités, autant qu'on peut en juger par les listes de l'archevêché, les Grecs paraissent avoir

1. C'est-à-dire, du comte d'Édesse, de la famille de Morpho.
2. Appartenant au domaine royal.

accepté les noms nouveaux donnés assez souvent par les Turcs aux villages où ils s'établissent. Plus fréquemment encore, tandis que les Turcs emploient les noms nouveaux imposés par leur convenance, les Grecs continuent à appeler les mêmes lieux de la vieille dénomination ethnique. Ainsi *Topchi Keui*, du Karpas, est toujours pour les Grecs Haïos Andronikos; *Minaré Keui*, du Kythræa, est Néo Khori; *Ghizilbash Keui* est Trakhonas, etc. J'ai, dans ce cas, porté les deux noms sur ma carte lorsque je les ai connus.

Le nom entièrement nouveau n'est, au reste, qu'une exception. Généralement, le nom turc n'est qu'une déformation très-reconnaissable du nom grèc approprié aux exigences gutturales et aux oreilles des nouveaux maîtres du pays.

La répugnance qu'ont les Turcs, comme tous les peuples sémitiques, à commencer un nom par deux consonnes consécutives, explique ces nombreuses antépositions d'un *i* devant les noms grecs, additions que nous retrouvons en Chypre dans *Iskelch*, nom turc de la Scala; dans *Iskarino*, répondant à Skarino, *Iklonari* à Klonari, *Istato* à Statos, *Istroumbi* à Stroumbi, *Iflasou* à Phlasou, *Iftericoui* à Ptericoudi, *Ifloui* à Phloudi, *Iklebin* à Klepini, *Istrongilo* à Stronghylo, *Istyllous* à Stylous, etc.

C'est encore à la même disposition négative qu'il faut attribuer les inversions constantes de la syllabe initiale *Tri* en *Tir*, d'où viennent les formes turques *Tirmiklini* pour Trimiklini, *Tirkomo* pour Trikomo, etc., et qu'il faut rapporter ces atteintes à l'accord des genres, dont les peuples étrangers s'inquiètent peu, d'où viennent les noms extraordinaires d'*Haïa Pavlo*, *Haïa Thoma*, *Haïa Nikola*, *Haïa Totoro*, pour éviter Haïos Pavlos, Haïos Theodoros, etc. Cette habitude a tellement prévalu chez les Turcs, au moins en Chypre, qu'ils emploient la forme *Haïa* même devant une voyelle, et qu'ils disent *Haïa Yorghi*, *Haïa Ianni*, *Haïa Hevrès*, etc. Seulement ils ajoutent quelquefois un *N* euphonique entre Haïa et le nom propre, d'où le nom *Haïa Nakofo* pour Haïos Iakobos de la Messorée.

Fréquemment les Turcs changent pour l'adoucir le P en B, et disent *Birgo* pour Pyrgos; le K en G : *Givizil*, *Gelagi*, *Givida*, pour Kivizil, Kellaki, Kivida; ils permutent les dentales *Trappia*, *Omotos*, pour Drappia, Omodos. Habituellement ils transforment en *g* l'iota qui précède les voyelles *o* et *a*. Ils disent *Khorgo* au lieu de Khorio, et altèrent ainsi tous les composés de ce mot, qui signifie village : *Kalokhorgo*, *Palæokhorgo*, *Mesakhorgo*, *Perakhorgo*. Ils prononcent de même *Syrganokhorgo* pour Syrianokhorio, *Tillirgha* pour Tyliria, *Messargha* pour Messaria, *Zacharga* pour *Zacharia*.

Liste de Talaat-Effendi. — Après les formes que je tiens comme les plus ordinaires des noms grecs et turcs, j'ai cru devoir donner, dans une troisième colonne, les noms des localités fournis par le recensement de Talaat-Effendi ; mais je dois faire observer que les noms de cette liste, dressée primitivement par quelque Grec attaché à l'administration turque, communiquée à plusieurs consuls dans la forme où je la reproduis, si ce n'est dans le même ordre, a été copiée sur les registres du gouverneur par un Italien. De là vient l'aspect et la consonnance italiennes qu'ont pris beaucoup de noms dans la transcription, qui est quelquefois une traduction du nom grec. J'ai cru devoir la conserver néanmoins entièrement et fidèlement, parce que son caractère administratif lui donne une valeur particulière, et qu'elle fournit des indications utiles pour suppléer aux mentions des listes précédentes.

J'ai dit que toutes ces listes, quoique dressées par les soins ou sur les indications de l'autorité, n'étaient pas tout à fait complètes. Voici le moment de le prouver. Il me suffira de citer quelques faits dont il me serait difficile au reste de donner la véritable cause. Comment expliquer par exemple que Varochia, près de Famagouste, et Karava, près de Lapithos, deux gros villages connus en Chypre de tout le monde et habités par des chrétiens, ne figurent pas dans le tableau de Talaat-Effendi ? Kholetra dans le Paphos, Skoulli dans le Khrysokho, où sont passés MM. Gaudry et Damour, Sakistras dans le Lefka, auprès duquel est une source où j'ai campé, manquent également au registre du gouverneur. Ces villages se trouvent mentionnés, il est vrai, dans la liste de l'archevêché, mais cette liste elle-même est entachée de plusieurs omissions. Mariou, près du torrent de Vassilipotamo, qui lui donne aussi son nom ; Kalokhorio, dans le Larnaca ; Arkhangeli, du Limassol, et les autres villages inscrits à la fin de chaque district, dans la nomenclature qui fera suite à cette notice, n'y figurent pas.

L'imperfection possible des copies communiquées aux consuls, à M. Graves et à moi-même, ne me paraît pas suffisante pour expliquer les oublis que je signale. Le vice radical de ces documents vient probablement de la négligence qu'apportent les

Orientaux à presque tout ce qu'ils font, du peu de prix qu'ils attachent à l'exactitude et à la vérité, même dans les renseignements qu'ils savent intéresser le plus ceux qu'ils veulent obliger; puis aussi de l'éloignement qu'ont les Turcs à fournir aux étrangers des notions sur les pays conquis et de la crainte des raïas eux-mêmes de contribuer en quoi que ce soit par leurs indications, à l'augmentation des impôts qui pèsent sur eux.

Je ne puis me flatter d'avoir comblé toutes les lacunes des états dont je viens de parler, et je dois remarquer en outre que ces lacunes ne sont peut-être pas partout aussi nombreuses qu'elles le paraîtront. Plusieurs des noms grecs ajoutés par moi à la fin des listes de l'archevêque et du gouverneur peuvent n'être que des répétitions des noms de villages turcs. Je manque des renseignements nécessaires pour faire disparaître ces doubles emplois, qu'un habitant du pays me signalerait aisément, s'il y en a, mais que d'ailleurs je crois peu nombreux.

Population. — J'ai emprunté encore au registre de Talaat-Effendi les chiffres indiquant le nombre d'imposés chrétiens de chaque village, comme élément d'appréciation de l'importance de la localité et de la population générale de l'île. En additionnant les nombres de cette liste et y ajoutant les totaux des villages par districts, je trouve les résultats suivants :

Districts.	Nombre de contribuables.	Nombre de villages.
1. Larnaka	1835	49
2. Limassol	1039	46
3. Piskopi	347	23
4. Kilani	583	22
5. Avdimou	454	22
6. Paphos	1137	59
7. Kouklia	334	27
8. Khrysokho	729	61
9. Lefka	936	48
10. Morpho	933	49
11. Orini et Tyliria	1106	58
12. Kythræa	1128	54
13. Lapithos et Kérinia	624	47
14. Messorée	1672	79
15. Famagouste	347	10
16. Le Karpas	916	51
	14,120	705

Les 14,120 imposés chrétiens répondent environ à une population de   74,000 âmes.

Sur lesquels il y a, comme je l'ai dit, 1200 à 1300 Maronites.

A ce chiffre, il faut ajouter la population de Nicosie, *Lefkosia* des Grecs, *Leufcouché* des Turcs, qui se décompose ainsi :

Turcs	8,000	
Grecs	3,700	
Arméniens	150	
Maronites	100	
Total	11,950	11,950
Plus, pour les Turcs des campagnes des seize districts		25,000
Européens, et quelques Maronites résidant à Larnaca		500
Total général de la population de l'île		111,450 âmes.

En France, sur une superficie égale à celle de l'île de Chypre, on trouverait une population d'un demi-million d'habitants. A la fin du règne des rois français, après des guerres et des émigrations désastreuses, on comptait encore en Chypre une population totale de 147,700 habitants. Nicosie avait 16,000 âmes; Famagouste, presque désert aujourd'hui, 6,500 [1].

En ce qui concerne le nombre des villes et villages de l'île, je trouve un total de 705 ou 706, et je ne crois pas que ce nombre soit de beaucoup inférieur à la réalité. A la fin du quinzième siècle, et sous le régime vénitien, le mémoire du comte de Tripoli donne la récapitulation de 818 villages [2]; un autre document en mentionne 834 [3], et le père Étienne de Lusignan élève ce nombre, à la fin de la domination vénitienne, à 850 [4].

Transcriptions des noms des localités. — Les deux dernières colonnes de mon tableau sont réservées à la nomenclature des noms portés sur la carte, dont elles offrent plus particulièrement le résumé. Dans la première de ces colonnes, se trouve le nom même de la localité, tel qu'il me paraît devoir être écrit; dans la seconde, et en regard des premiers, les noms français du moyen âge que j'ai pu recueillir.

1. *Histoire de Chypre*, t. III, p. 494.
2. Mémoire, ms. dont il est parlé, *Histoire de Chypre*, t. III, p. 519.
3. *Histoire de Chypre*, t. III, p. 494.
4. *Histoire de l'île de Cypre*, fol. 36 v°.

Pour la transcription des noms orientaux, grecs ou turcs, ma règle a été, tout en restant le plus près possible de l'orthographe étymologique, de rendre avant tout, aussi exactement qu'il se peut avec nos caractères français, les noms tels qu'on les prononce en Chypre et en plaçant l'accent tonique sur la voyelle qui en est affectée. Sans doute il y a, à cet égard, une grande variété de prononciation et d'intonation, suivant qu'on s'adresse à un Turc ou à un Grec, à un Grec du Karpas ou à un habitant de l'Orini; j'ai cherché, en consultant les gens compétents durant mon séjour à Larnaca et à Nicosie, à trouver la forme qui peut passer comme la prononciation à la fois la plus régulière et la plus commune.

Les mots turcs, peu nombreux au reste sur ma carte, n'offrent pas de difficulté de reproduction en caractères français. Quant à la transcription des mots grecs, je ne pouvais suivre de meilleur modèle que celui de la carte de la Grèce moderne due à nos officiers d'état-major, guidés dans cette partie de leur travail par les avis de M. Hase. Je rends toujours comme eux le κ par le *k*, et ma seule exception, justifiée également par leur exemple, est pour le nom de *la Scala*, mot italien assez fréquent en Orient et admis par les Grecs. Je remarque en outre que, dans l'usage habituel, le *c* se substitue fréquemment au *k* dans plusieurs autres mots, tels que *Larnaca*, qu'il semble un peu étrange aux Européens d'écrire *Larnaka*.

Le X, χ, a été rendu presque constamment par *kh*, excepté dans quelques mots, comme *Schirokitia*, que les Chypriotes ne m'ont pas paru prononcer avec le son ordinaire du χ, mais plutôt comme le *sh* anglais. B, β, répond à notre *v*; Γ, γ, se rend par *g* devant *a* et *o*, par *y* devant *e*, *ei*, *i* et *u*; Z, ζ, par *z* ou par *s*, suivant l'usage du pays; Mπ, par *b*.

Anciens noms français. — J'ai recherché avec une attention toute particulière les vieux noms français, conservés par les documents authentiques, les chartes et les chroniques. Ils ne sont pas nombreux et ne dépassent pas de beaucoup une centaine, car je suis bien loin de pouvoir rapprocher, avec preuve, de chaque nom géographique grec le véritable nom français lui correspondant du temps de nos princes.

J'ai du reste écarté, presque sans exception, tous les noms employés dans nos textes, quand ils ne sont que la reproduction même du mot grec, comme *Vromoloxia*, *Trahona*, *Piscopio*,

Alona, Letimvou, Catodri, Louriquina, Alexandreta, Trimizhia, Psimolofou, Apanoqui, Evrikou, etc. Ces formes deviennent surtout fréquentes dans les documents chypriotes au quinzième siècle, quand le français s'altère, et quand les Grecs, infiniment plus nombreux dans l'île que les gens de race latine, et jusque-là tenus trop à l'écart, prennent une plus grande part au gouvernement du pays. Néanmoins, même dans les chartes du treizième et du quatorzième siècle, et dans les Lignages, qui sont de la même époque, on trouve les formes grecques d'*Aïa, Naya, Laquia, Eniamelias, Clafdia,* etc. ; mais ce sont des exceptions.

En examinant les autres noms, bien évidemment produits par la vieille articulation de nos pères, on peut constater de nouveau ici cette double tendance du français à ramener , pour les adoucir, à la consonnance plus délicate de l'*e* muet les terminaisons sonores et bruyantes qui lui répugnent ; et, d'autre part, à donner un article aux noms, à prodiguer cet article, on peut le dire, à tort et à travers, pour rapprocher, le plus souvent possible, les mots inconnus de noms ou de sons habituels.

L'*e* muet final, qui est un des caractères et un des charmes du français, s'impose presque à toutes les terminaisons grecques et les supplante. Non-seulement les désinences en *a* fléchissent et s'éteignent, Schirokitia devient *Chirochitie,* Calepia *Calopes,* Emva *Embes,* Lemva *Lembes,* Lefka *Lefques,* Alektora *Alectore,* Omorphita *Morfites,* Aschia *Asquie,* Kellia *Cueillies,* et *Quellyes,* etc. ; mais les terminaisons *ès, i, ii, os, ou, o* cèdent aussi, et sont remplacées par l'*e* ou l'*es* muet, soit singulier, soit pluriel. Kividès et Kivida donnent *Quevides,* Limnati *Limniate,* Monagroullii *Monagrole,* Arzos *Arzes,* Paphos *Baffe,* Afdimou *Afdime,* Avgorou *Avegore,* Phlasou *Flaçe,* Aradippo *Radippe,* etc. Quelquefois le mot français s'arrête en apparence à une consonne rude : *Pisur, Silicq, Mériq,* mais la voix ajoute forcément à ces terminaisons brusques l'*e* muet, qui les prolonge et les adoucit.

La terminaison *i* est acceptée et persiste très-souvent. On trouve, dans de bons textes, *Stavrocomi, Piguy, Saint-Fouti, Saint-Demeti* ; quelquefois l'addition d'un *e* muet lui donne une apparence plus française (Sivouri *Sivorie*), ou le son tout français *oie* (Piroghi *Piroie*) ; quelquefois la terminaison *in* se substitue à l'*i,* et fait également un mot tout à fait français : Xéri a donné *Chérin*. La désinence *on* est encore bien française et s'assimile fréquemment les terminaisons grecques *o*, *ou*, *os* : Paphos *Paphons*, Odou *Odon*, Klirou *Kliron*, Nisso et Nissou *Nison*.

Quant à l'article, il porte au hasard sur toute espèce de mots, en détache une partie ou s'y ajoute en entier, comme déterminatif, par le penchant qui nous porte à ramener les noms que nous ne comprenons pas vers des formes usitées et familières. Il crée ainsi constamment des mots qui semblent avoir une signification bien positive, mais qui, le plus souvent, n'ont en réalité que l'apparence d'un nom, et n'offrent aucun sens. C'est ainsi que Lapithos a fait *La Pison*, Agrida *La Gride*, Pyla *Les Pyles*, Kolossi *Le Colos*, Paradisi *Le Paradis*, Anoghyra *La Noyère*, Phinika *La Fenique*, Enklistera *L'Englistre*, Kouklia *La Covocle*, Morpho *Le Morf*, Kythræa *La Quithrie*, Tremethoussia *La Tremetossie*, Gastria *La Gastrie*, Pistaki *Le Pistac*, Ornithi *L'Ornipho*, Kiti *Le Quid*, Potamia, *La Potamie*, Kantara *Le Candaire*, Tembros *Le Temple*, Episkopi, fief des Cornaro, *La Piscopie des Corniers*, Kavos tis Græas (cap de la Vieille) *Le chef de la Grée*, Aschelias *L'Échelle*.

Il n'y a là aucune préoccupation du sens original, aucune recherche de la signification du mot. Ce n'est ni de la synonymie, ni de la traduction ; c'est le simple procédé de l'homophonie la moins étudiée, telle qu'en faisaient les Français du temps de Villehardouin, en appelant la ville de Modon *Le Mouton*, Larisse *L'Arche* ; telle qu'en font tous les jours nos colons et nos soldats de l'Algérie, en nommant l'Oued-el-Harouch le *Ruisseau de la Rousse*, l'Oued-Smendou la *Rivière du Chemin doux*. Si la race franque eût pris racine en Chypre et en Morée, les noms bizarres créés par les conquérants y seraient restés avec eux. Si notre nation devenait prédominante par le nombre en Afrique, et si l'imprimerie n'était là pour conserver la tradition, les noms forgés par le vulgaire finiraient, à la longue, par s'imposer à la société et à l'administration. Dans l'état actuel de la civilisation, de pareilles déformations des noms indigènes et de pareils empiétements du langage populaire sont impossibles, mais dans les temps anciens c'est certainement par la prononciation de la multitude dominante que se sont successivement déformés et recomposés les noms géographiques. Les envahisseurs ne songeaient guère à l'idée qui pouvait résider dans le mot : ils traduisaient le son qui frappait leurs oreilles.

Géographie ancienne. — Je ne puis me dispenser de parler, en terminant, des noms antiques inscrits sur ma carte, bien que je n'aie pas cru devoir les rappeler dans le tableau suivant, en raison de leur petit nombre. La géographie ancienne de Chypre n'a pas beaucoup avancé depuis les travaux de d'Anville. M. Engel s'est occupé de l'histoire plus que de la géographie de l'île. M. Ross n'a pu explorer qu'une partie bien restreinte du pays.

Les grandes positions d'Amathonte, d'Idalie, de Citium, de Paphos Nea et de Palæa Paphos sont mieux déterminées. Mais combien de localités fameuses dont la situation est insuffisamment précisée ou totalement ignorée : Golgos, Uranie, Soli, Throni, Æpæa, Chytri ! combien de villes secondaires, mentionnées par les auteurs anciens et par Étienne de Byzance, dont la position est encore moins connue ou très-conjecturalement indiquée : Amamassos, Macaria, Hyle, Alexandria, Satrachos, Tembros, Asinæ, Panakron ! En dehors de l'étude des textes et des monuments de l'antiquité, sujet que je n'ai point abordé, les simples observations du voyage à travers un pays nouveau fournissent des notions qu'il est toujours bon de recueillir et de constater, soit comme résultats offrant déjà un commencement de preuves, soit uniquement comme appel et point de départ vers des recherches et des vérifications ultérieures. Ainsi, ne peut-on pas considérer comme bien vraisemblable que l'*Alexandria* de Chypre était située au lieu appelé aujourd'hui *Alexandreta*, près du cap de ce nom, dans les contrées du Krysokho, où existait au moyen âge un village d'*Alexandreta*, et où l'on peut voir encore des débris antiques et des carrières anciennement exploitées? *Tembros* ne paraît-il pas être le village moderne du même nom, dans le Kérynia? Peut-être *Panakron* se trouve près du ruisseau ignoré de *Panagra*, à l'ouest de Lapithos, près des hauteurs boisées où les paysans m'ont dit exister des ruines antiques. L'évêque de Paphos m'a parlé d'un monastère de son diocèse nommé *Asinou*, aujourd'hui dans le Morpho, qui conserve probablement les derniers vestiges du nom et des constructions de l'ancien *Asiné*. Je n'ai point négligé de mentionner sur ma carte, avec la réserve nécessaire, ces indications, comme rapprochements et simples conjectures.

Voici la nomenclature des localités modernes de l'île, divisée en 16 districts, dont j'ai parlé.

TABLEAU

DES VILLES ET VILLAGES DE L'ÎLE DE CHYPRE.

I. DISTRICT DE LARNAKA.

	NOMS GRECS.	NOMS TURCS.	LISTE de Talaat-Effendi.	VILLAGES entièrement Turcs ou Maronites.	NOMBRE d'habitants chrétiens imposés.	NOMS portés sur ma carte. Nom actuel des localités.	Anciens noms français.
1	Πόλις Λάρνακας.	Casaba Tuzla [1].	Larnaca.	(2)	505	Lárnaka.	
2	» Σκάλα.	Iskeleb.	Scala.		284	La Scala.	Les Salines de Saint-Ladre.
3	Μενεού.	Menevi.	Meneu.		19	Meneoú.	Moneho.
4	Κίτιον.	Chitti.	Kity.		109	Kiti ou Chiti.	Le Quid.
5	Περιβόλια Κιτίου.	Chitti Batcheleri.				(Jardins de Chiti.)	
6	Μαζωτός.	Mazolto.	Masotos.		19	Mazotó.	
7	Ἀναφωτίδα.	Anafotiah.	Anafoti.		14	Anaphòtí,	Anafotides.
8	Ἀλαμμιννός.	Alaminno.	Alaminno.		11	Alaminó.	
9	Κοφίνου.	Kiofugnie.	Cofinu.		3	Káto Kóphinou.	
				T.		Páno Kóphinou.	
10	Ἅγιος Θεόδωρος.	Aia Totoro.	San Teodoro.		32	Haï Theódoro.	Saint-Thodre.
11	Σκαρίνου.	Iskarino.	Scharinu.		26	Skaríno.	
12	Χοιροκοιτιά.	Schirogitiah.	Chirokitia.		33	Schirokitiá.	Chirochitie.
13	Ψεματισμένος.	Sematismeno.	Psemtismeno.		16	Psemtisméno.	
14	Μαρόνι.	Maroni.	Maroni.		16	Maróni.	
15	Τοχνή.	Tochni.	Tohi.		31	Tokhní Páno.	
				T.		Tokhní Káto.	
16	Κάτωδρυς.	Katogri.	Catodri.		61	Katódry tis Lefka-ras.	
17	Κάτω Λεύκαρα.	Kato Lefcara.	Cato Lefcara.		37	Káto Léfkara.	Lefcare.
18	Ἀνώ Λεύκαρα.	Pano Lefcara.	Stavros. San Dimitri. San Giorgio. S. Andronico.		54 49 17 20	Stávros, Háïos Di-mitri, Háïos Geór-gios et Háïos An-drónikos forment Páno Léfkara.	
19	Βάβλα.	Vavla.			23	Vávla.	Vavle.
20	Λάγια.	Layah.	Laghia.		13	Láhia.	Laquia.
21	Ὀρά.	Ora.	Ora.		53	Orá.	
22	Ἀκαπνοῦ.	Akapnou.	Acapnu.		11	Akapnoú.	
23	Μελίνη.	Melini.	Melini.		26	Melíni.	Miliny et Mily?
24	Δράπια.	Trappia.	Drapia [3].		6		
25	Καλαβασσός.	Kalavassou.	Calavassou.		36	Kalavassó.	

1. Littéralement : District des Salines.
2. Les localités au nom desquelles ne répond aucun signe dans cette colonne, sont habitées exclusivement, ou pour la grande majorité, par des Grecs. Celles qui sont marquées des lettres B. d. T., comptent parmi leurs habitants beaucoup de Turcs.
3. Il y a un village de Drapia au S. E. de Nicosie, mais dans le Kythræa.

	NOMS GRECS.	NOMS TURCS.	LISTE de Talaat-Effendi.	VILLAGES entièrement Turcs ou Maronites.	NOMBRE d'habitants chrétiens imposés.	NOMS portés sur ma carte.	
						Nom actuel des localités.	Anciens noms français.
26	Μεννόγια.	Mennoya.	Mennoghia.	B.d.T.	3	Menoiá.	
27	Ἀλεθριχόν.	Alettriko.	Aletrico.		18	Aletrikó.	
28	Κιβισίλι.	Givisil.	Kivistli.	B.d.T.	3	Kivizíl.	
29	Πυργά	Pirgha.	Pirgha.		22	Pyrgá.	
30	Ἁγία Ἄννά.	Aïa Anna.	Santa Anna.		7	Haïa Anna.	
31	Βουδᾶς.	Voudas.	Vudas.		30	Voudás.	Vides ¹?
32	Ἄρπερα.	Arpera.	Arpera.		8	Arpera.	
33	Δρομολαξιά.	Dromolaksha.	Dromolacaia.		37	Vromoloschiá.	
34	Ἀραδίππου.	Aradippou.	Aradippu.		152	Aradíppo.	Radippe.
35	Βορόκλινη.	Voroclini.	Voroclini.		43	Voroklíni.	
36	Κελλιά.	Kellia.	Kellia.	B.d.T.	10	Chelliá ou Keliá.	Quellyes et Cueillie.
37	Πύλα.	Pila.	Pyla.		24	Pyla.	Les Piles.
38	Λιβάδια.	Livadia.	Livadia.		38	Livádia.	
39	Ἀγγλισῖδες.	Anglisides.	Anglisides.		19	Páno Anglísides et Káto Anglisídes.	
40	Κλαυδιά.	Clavia.		T.		Klafdiá.	Clafdia.
41	Τερσεφάνου.	Tersephanou.	Terzefano.		28	Tersepháno.	
42	Τατλὶ Σού.	Tatli sou ².					
43	Ἀπλάνδα.	Aplanda.					
44	Παρσάτα.	Parsata.					
45	Σοφτάδες.	Softadés.				Sophtádes.	
46						Marí, Maríou, Vassilipotamo, ou Haïos Geórgios.	
47						Kalokhório.	
48						Psévda ³.	
49						Kórno.	

II. DISTRICT DE LIMASSOL.

	NOMS GRECS.	NOMS TURCS.	LISTE de Talaat-Effendi.	VILLAGES entièrement Turcs ou Maronites.	NOMBRE d'habitants chrétiens imposés.	NOMS portés sur ma carte.	
						Nom actuel des localités.	Anciens noms français.
1	Λεμησσός.	Leimesoun.	Limassol.		214	Limassol ou Limissó.	Limeçon, Nemocie.
2	Ἅγιος Θεόδωρος.	Aïa Totoro.	San Teodoro.		23	Háïos Theódoros.	
3	Ἅγιος Παῦλος.	Aïa Pavlo.	San Paolo.		19		
4	Καλὸν Χωρίον.	Kálochorgo.	Calon Horion		26	Kalokhóri.	
5	Ἀθρακός.	Attrako.	Atraki.		9	Atrakí.	
6	Δουβαράς.	Louvara.	Luvaras.		14		

1. *Hist. de Chypre*, t. III, p. 261.
2. En turc : Eau douce.
3. Psevda et Korno, compris sur les listes de l'archevêché et du gouverneur parmi les villages imposés du Kythrœa, me semblent appartenir géographiquement au district de Larnaca.

	NOMS GRECS.	NOMS TURCS.	LISTE de Talaat Effendi.	VILLAGES entièrement Turcs ou Maronites.	NOMBRE d'habitants chrétiens imposés.	Nom actuel des localités.	Anciens noms français.
7	Γερμασσόγια.	Yermasoya.	Ghermasoghia.		31	Hiermassóia.	
8	Ἄνω Διαιρόνα.	Pano Dierona.	Anno Dirona.		35	Páno Ieróna.	
9	Κάτω Διαιρόνα.	Kato Dierona.	Catò Dirona.		4	Káto Ieróna.	
10	Φοινικάρια.	Finikarga.	Finikaria.		9	Phinikárga.	
11	Συκόπετρα.	Sicopetra.	Sicopetra.		12		
12	Μύλοι.	Mili.	Milos.		7	Mylous.	
13	Μέσα Γειτονεία.	Mesa Ghitonia.	Messaghitonia.		12	Messaghitoniá.	
14	Ἀψιού.	Apchou.	Apsu.		24		
15	Φασούλα.	Fasoulla.	Fassulla.		22	Phasoúla.	
16	Ζωοπηγή.	Zoopighi.	Zoopighi.		23	Zoopií.	
17	Ὀρόγκου.	Orongou.	Oronghu.		6	Oróngou.	
18	Ἄγιος Ἰωάννης.	Aïa Yanni.	San Giovanni di Agro.		18		
19	Ἄγιος Ἀθανάσιος.	Aïa Attanas.	S. Athanasio.		13	Háïos Athanásios.	
20	Κάτω Μύλος.	Kato Mili.	Catomilo.		20		
21	Ποταμήθισσα.	Potamitissa.	Potamitissa.		17	Potamítissa.	
22	Δῆμαι.	Dimis.	Dhimis.		16		
23	Ἀρακαπᾶς.	Arakapa.	Aracapas.		22	Arakápa.	
24	Παλαιοκλησιά.	Paloklisha.	Paleoeclissia.		9	Paloklichá.	
25	Ἑπταγώνια.	Eftaghonia.	Eftagonia.		39	Heptagónia.	
26	Πελένδρια.	Pelendria.	Pelentria.		67	Peléntria.	Pelendres, Pelondres?
27	Κελλάκι.	Gellagi.	Kellakin.		57	Kelláchi.	
28	Πύργος.	Birgo.	Pyrgos.		14	Pyrgo.	
29	Ἄγιος Κονσταντῖνος.	Aïa Gostantino.	S. Costantino.		13	Háïos Kostantínos.	
30	Πεντάκωμον.	Pendacomo.	Pentacomon.		9	Pentákomo.	
31	Ἀγρίδια.	Agridi.	Agridia.		25		
32	Ἀγρός.	Agro.	Agro.		59	Agró.	
33	Βίγλα.	Vikla.	Vicla.		9		
34	Πρασθεῖον.	Praskio.	Praschion.		29	Prastió.	
35	Ζανίδα.	Sania.	Sanida.		18		
36	Ἀσγάδα.	Asgata.	Asgatha.		21		
37	Βάσσα.	Vasa.	Vassa.		14	Vássa.	
38	Μονή.	Moni.	Moni.		10	Móni.	
39	Μοναγρούλλι.	Monagroul.	Monagroullin		10	Monagroúllii.	Monagrole.
40	Κλωνάρι.	Iclonari.	Clonari.		40		
41	Ἀρμενόχωρι.	Armenochor.		T.			
42	Μουτθαγιάκα.	Mouttaiaka.		T.		Moutaïada.	
43	Ἄγιος Τύχων.	Aïa Dicho.		T.			
44	Μαθικολώνη.	Madicolon.		T.			
45	Ἀχρούντα.	Agrounda.		T.		Agroúnda.	
46						Arkhángeli.	

NOMS GRECS.	NOMS TURCS.	LISTE de Talaat-Effendi.	VILLAGES entièrement Turcs ou Maronites.	NOMBRE d'habitants chrétiens imposés.	NOMS portés sur ma carte.	
					Nom actuel des localités.	Anciens noms français.

III. DISTRICT DE PISKOPI,

ORDINAIREMENT RÉUNI AU DISTRICT DE LIMASSOL.

	NOMS GRECS.	NOMS TURCS.	LISTE de Talaat-Effendi.	VILLAGES entièrement Turcs ou Maronites.	NOMBRE d'habitants chrétiens imposés.	Nom actuel des localités.	Anciens noms français.
1	Ἐπισκοπή.	Neïsi Piscopi [1].	Episcopi.	B.d.T.	44	Episkopí ou Piskopi.	La Piscopie des Corniers.
2	Σωτῆρα.	Sotira.	Sotira.		11	Sotíra.	
3	Ἁγία Φύλαξις.	Aïa Fila.	Santa Filaxis.		63	Háïa Phylla.	
4	Ἄνω Κιβίδα.	Pano Givida.	Kivides.		18	Kivídes Káto.	Quevides, Kivides.
5	Κάτω Κιβίδα.	Kato Givida.					
6	Ἄνω Πολεμίδια.	Pano Polemidia.					
7	Κάτω Πολεμίδια.	Kato Polemidia.	Polemidia.		24	Polemídia.	Pelemidia.
8	Κολόσσι.	Coloch.	Colossin.		49	Kolossí.	Le Colos.
9	Ζακάκι.	Zakaki.	Zakaki.		8	Zagátzi.	
10	Τραχόνι.	Tarchon.	Thrakonia.		20	Trakóni.	
11	Ἀκρωτήρι.	Akrotir.	Acrotirion.		32	Akrotíri.	
12	Παλόδια.	Palodia.	Palodia.		5		
13	Σπητάλι.	Ispitalli.	Spitalin.		3		
14	Παραμύθα.	Paramita.	Paramyda.		10		
15	Ἐρήμη.	Erimi.	Erimi et Cattù.		11	Erími.	
16	Κορυφή.	Korfi.	Corifé.		19		
17	Χαπεσία.	Abesha.	Apesia.		17		
18	Γεράσα.	Yerasa.	Ierassa.		13		
19	Καντού.	Cantou.		T.		Kantoú.	
20	Ἀσώματος.	Asomato.		T.		Assómatos.	
21	Φασούρι.	Fasouri.		T.			
22						Ipsomas.	
23						Vlassa ?	

IV. DISTRICT DE KILANI.

	NOMS GRECS.	NOMS TURCS.	LISTE de Talaat-Effendi.	VILLAGES entièrement Turcs ou Maronites.	NOMBRE d'habitants chrétiens imposés.	Nom actuel des localités.	Anciens noms français.
1	Κοιλάνι.	Neïsi Kilan.	Kilani.		108	Kiláni.	Le Quilane.
2	Μονιάθης.	Mogniat.	Moniatis.		8	Moniátis.	
3	Σιλλίκου.	Silikou.	Siliku.		14	Sillíkou.	Silic, Silicque.
4	Μόναγρι.	Monagri.	Monagria.		12	Monágria.	
5	Μανδριά.	Mandria.	Mantria.		24	Mandriá.	
6	Μύλαβρι.	Milavri.					
7	Ἄνω Πλάτρες.	Pano Platres.	Anopiatris.		9		

[1]. Nouveau Piscopi.

NOMS GRECS.	NOMS TURCS.	LISTE de Talaat-Effendi.	VILLAGES entièrement Turcs ou Maronites.	NOMBRE d'habitants chrétiens imposés.	NOMS portés sur ma carte.	
					Nom actuel des localités.	Anciens noms français.
8 Κάτω Πλάτρες.	Kato Piatrès.	Katopiatris.		17		
9 Κουκά.	Kouka.	Kuka.		8	Konká.	
10 Τριμιχλίνη.	Tirmiclini.	Grimoklini.		9	Trimíklini.	
11 Καπηλεῖον.	Capiglio.	Kapilion.		19	Kapíglio.	
12 Ἅγιος Γεώργιος.	Aia Yorghi.	San Giorgio.		19		
13 Λάνια.	Lania.	Lania.		45	Lágnia.	
14 Ἅγιος Μάμας.	Aia Mama.	San Mama.		37	Háios Máma.	
15 Δόρος.	Doros.	Doros.		12	Dhóros.	
16 Πέρα Πεδί.	Pera Bel.	Perapedy.		28	Perapedí.	
17 Λιμνάτης.	Limnat.	Limnatis.		29	Limnáti.	Limniate.
18 Ἅγιος Θεράπων.	Aia Turap.	San Tarapo.		26	Hái Tharánpo.	
19 Βουνί.	Ghouni.	Vunin.		93	Vouní.	
20 Λόφου.	Lofou.	Lofos.		66	Lóphos.	
21					Kardama.	
22					Amiantos.	

V. DISTRICT D'AVDIMOU,

ORDINAIREMENT RÉUNI AU DISTRICT DU KILANI.

NOMS GRECS.	NOMS TURCS.	LISTE de Talaat-Effendi.	VILLAGES entièrement Turcs ou Maronites.	NOMBRE d'habitants chrétiens imposés.	NOMS portés sur ma carte.	
					Nom actuel des localités.	Anciens noms français.
1 Εὐδήμου.	Evdim.		T.		Avdimou, Neóssi Avdimou.	Afdime.
2 Φοινί.	Fini.	Finin.		25	Phiní.	
3 Τορνάριδες.	Tornares.	Tornaridès.		9	Tornárides.	
4 Ἅγιος Ἀμβρόσιος.	Aia Evrès.	S. Ambrosio.		19	Háios Ambrosios, ou Háia Hevrésis.	
5 Πραστεῖον †.	Praskio.	Praschion.		12		
6 Ποσσούρι.	Pissouri.	Pissurin.		60	Pysoúri.	Bisur.
7 Ἀνώγειρα.	Anoira.	Anoghira.	B.d.T.	26	Anoghíra.	La Noyère, Nauguère.
8 Πάχνα.	Pachna.	Pachna.		55		
9 Κισσοῦσα.	Kissousa.	Kissusa.		10	Kissoúsa.	
10 Ἄρσος.	Arsos.	Arsos.		56	Arsos.	Arzes.
11 Βάσσα.	Vasa.	Vassa.		56	Vássa.	Vace.
12 Ποταμιοῦ.	Potamiou.	Potamiu.		19	Potamioú.	
13 Μαλλιά.	Mallia.	Mallia.		9	Malliá.	
14 Δορά.	Dora.	Dhora.		30		
15 Ὅμοδος.	Omotos.	Omodbos.		78	Omodos.	
16 Ἀλέκτωρα.	Alectora.		T.		Aléktora.	Alectore.

1. Je ne connais pas la situation de ce village de Prastio dans l'Avdimou. Un village du même nom, près du Kouri, est du district de Piskopi.

NOMS GRECS.	NOMS TURCS.	LISTE de Talaat-Effendi.	VILLAGES entièrement Turcs ou Maronites.	NOMBRE d'habitants chrétiens imposés.	NOMS portés sur ma carte.	
					Nom actuel des localités.	Anciens noms français.
17 Ἅγιος Θωμᾶς.	Aïa Toma.		T.		Háïa Thomá.	
18 Παραμάλι.	Paramal.		T.			
19 Ἱεροβάσσα.	Yerovasa.		T			
20 Πλατανίσκια.	Plataniskia.		T.		Plataniskia.	
21					Háïos Géorgios.	
22					Tera?	Taïre.

VI. DISTRICT DE BAFFO ou PAPHOS.

	NOMS GRECS.	NOMS TURCS.	LISTE de Talaat-Effendi.	VILLAGES entièrement Turcs ou Maronites.	NOMBRE d'habitants chrétiens imposés.	Nom actuel des localités.	Anciens noms français.
1	Κτῆμα.	Ichtima.		T.		Ktíma.	
2	Πάφος.	Nefsi Baff [1].	Pafos.		7	Báffo.	Baffe, Vafe, Paphons.
3	Μέσανα.	Mesana.	Mesana.		9		
4	Σαλαμιοῦ.	Salamiou.	Salamiu.		33	Salamioú.	
5	Κελοκέδαρα.	Gilodjedara.	Kilochidarès.		25		
6	Χολέτρια.	Choletra.					
7	Νατά.	Nata.	Nata.		40		
8	Ἐπισκοπή.	Piscopi.	Episcopi.		22		
9	Ἐλεδιό.	Eledio.	Elediou.		5		
10	Ἀγία Μαρίνα.	Aïa Marina.	Santa Marina.		10		
11	Ἀμαργέτη.	Amarghet.	Amarghetis.		36	Amarghétis.	
12	Πενταλιά.	Pendaglia.	Pentalia.		21		
13	Κοιλίνια.	Gilinia.	Kilinia.		25		
14	Ἅγιος Φώτιος.	Aïa Foti.	San Foti.		28		Saint Fouti.
15	Γαλαταριά.	Yalattarga.	Galatarca.		19		
16	Στατός.	Istato.	Statos.		36	Statós.	
17	Κανναβίου.	Cannaviou.	Kannavghiu.		6	Kanávghiou.	
18	Ἄνω Παναγιά.	Pano Panaïa.	Panoghia.		48	Panaïá.	
19	Ἀσπρογιά.	Asproïa.	Asproghia.		8	Aspro Panaïá.	
20	Λεμόνα.	Lemona.	Lemena.		20		
21	Χούλου.	Houlou.	Chulu.		46		
22	Πολέμι.	Polem.	Polemi.		55	Polémi.	
23	Ψάθη.	Ipshahi.	Psathi.		23	Psáthi.	
24	Λετύμβου.	Letimbou.	Letinvu.		51		
25	Θρηνιά.	Trignia.	Thrimia.		30		
26	Τσάδα.	Tshata.	Tsada.		51		
27	Καλλέπια.	Callepia.	Kallepia.		26		Calopes.
28	Δρύμου.	Trimou.	Drimu.		32	Drími [2].	
29	Στρουμβί.	Istroumbi.	Strumbin.		55	Stroumbí.	

1. Nouvelle Paphos.
2. Drími, au N. d'Amarghetis, ou peut-être Drymou, plus au N. entre Simou et Lassa, mais dans les limites probables du Khrysokho.

№	NOMS GRECS.	NOMS TURCS.	LISTE de Talaât-Effendi.	VILLAGES entièrement Turcs ou Maronites.	NOMBRE d'habitants chrétiens imposés.	Nom actuel des localités.	Anciens noms français.
30	Κοίλη.	Ghili.	Koili,		33	Kßli.	
31	Ἀχουρσός.	Agourso.	Akursos.	B.d.T.	8	Akúrsos.	
32	Μπέγια.	Pela.	Peghia.		38	Béhia, ou Terazoui.	
33	Χλώρακας.	Ich'oraka.	Cloraca.		18	Khlóraga.	
34	Κισσόνεργα.	Kissonerga.	Kissonegra.		31	Kissonárga.	
35	Ἐμβα.	Emba.	Emva.		45	Émva.	Embes.
36	Μεσόγη.	Mesoyi.	Messoghi.		24	Messóï.	Tale.
37	Τάλα.	Tala.	Tala.		31		
38	Τριμιθοῦσα.	Tirmittoussa.	Trimithussa.		12	Trimithoússa.	
39	Κονιά.	Cognia.	Konia.		19	Kogniá.	
40	Ἀναβαργός.	Anavargho.	Anavarghis.		15		
41	Μέσα Χωρίον.	Mesa Chorgo.	Mesachorion.		32		
42	Μαραθοῦντα.	Maratounda.	Marathusa.		29		
43	Ἄρμου.	Armou.	Armu.		34	Armou.	
44	Λαπιθιού.	Lapitiou.		T.		Lapithiou.	
45	Βρέτσια.	Vretcha.		T.		Vrétzia, ou Brésian.	
46	Κολώνη.	Coloni.		T.		Kolóni.	
47	Πιταυγού.	Bitavgou.		T.		Pitavgoú.	
48	Κουρδάκας.	Gourdaka.		T.		Kourdáki.	
49	Κάτω Παναγιά.	Kato Panaia.		T.		Káto Panaiá.	
50	Ἀξύλου.	Axilou.		T.			
51	Λέμβα.	Lemba.		T.		Lémva.	Lembes.
52	Φοίνιξ.	Finikeh.		T.		Phiniká.	La Fenique, Fenica.
53	Μαλούντα.	Malounda.		T.	.	Maloúnta.	
54	Ἅγιος Ἰωάννης.	Aïa Yanni.		T.			
55	Μωρὸν Νερόν.	Moro Nero.		T.		Morónero.	
56	Φάλια.	Faglia.		T.		Phéllia et Phália.	
57			Vassilico.	B.d.T.	1	Vassilikó.	
58						Petrídia.	
59						Kallias.	

VII. DISTRICT DE KOUKLIA,

UNI ORDINAIREMENT AU DISTRICT DE BAFFO.

№	NOMS GRECS.	NOMS TURCS.	LISTE de Talaât-Effendi.	VILLAGES entièrement Turcs ou Maronites.	NOMBRE d'habitants chrétiens imposés.	Nom actuel des localités.	Anciens noms français.
1	Κούκλια.	Koukleh.	Kuklia.		31	Koúklia.	La Covocle, Couvoucles.
2	Ἱερόσκηπος[1].	Ieroscipou.	Ieroskipos.		29	Hieróskipos.	
3	Ἀχέλια.	Aschellia.	Achellia.		11	Aschélias.	L'Échelle.

1. Je ne puis expliquer comment Hieroskipos, situé entre Koloni et Ktima, tous deux appartenant au district de Paphos, est inscrit ici dans le Kouklia.

	NOMS GRECS.	NOMS TURCS.	LISTE de Talaat-Effendi.	VILLAGES entièrement Turcs ou Maronites.	NOMBRE d'habitants chrétiens imposés.	Nom actuel des localités.	Anciens noms français.
4	Τίμη.	Timi.	Timi.		22	Tími.	
5	Ἀναρίτα.	Anaritta.	Anaritès.		23	Anaríta.	
6	Μανδριά.	Mandrika.	Mantria.		8	Mandriá.	
7	Νικόκλεια.	Nikoklia.	Nicoclia.		10	Nikóklia.	
8	Σουσχιού.	Sousuz.	Suskiu.		7	Souskioú.	
9	Ἀρχιμανδρίτα.	Arkhimandrita.	Archimandrita.		7	Arkhimandríta.	
10	Μούσεραι.	Mousereh.	Musserès.		8	Moússeres.	
11	Μαμώνια.	Mamonia.	Memonia.		13	Mamógna.	
12	Σταυροκώμη.	Istavrokonno?	Stavrocomi.		5		Stavrocomi.
13	Τραχυπέδουλα.	Tarashipedoula.	Trachipedula.		9		
14	Κέδαρες.	Gedares.	Kedarès.		18		
15	Πραιτώρι.	Prettor.	Pretorion.		22		
16	Φίλουσα.	Filousa.	Filussa.		26		
17	Ἅγιος Νικόλαος.	Aïa Nicola.	San Nicola.		14		
18	Ἀρμένου.	Arminou.	Armenou.		19		
19	Φασούλα.	Fasoulla.		T.			
20	Ἅγιος Γεώργιος.	Aïa Yorghi.		T.			
21	Ἁγία Βαρβάρα.	Aïa Varvara.		T.		Háïa Varvára.	
22	Μάρωνας.	Marona.		T.		Maróna.	
23	Κιδάσι.	Ghias.		T.		Kidássi ou Ghias.	
24	Πραστεῖον.	Praskio.		T.			
25			San Kendia.		27		
26			San Teodoro.		30		
27						Alísata.	

VIII. DISTRICT DE KHRYSOKHO.

	NOMS GRECS.	NOMS TURCS.	LISTE de Talaat-Effendi.	VILLAGES entièrement Turcs ou Maronites.	NOMBRE d'habitants chrétiens imposés.	Nom actuel des localités.	Anciens noms français.
1	Χρυσοχοῦ.	Chrisoll.		T.		Khrysokhó.	Crusocques, Hrosoho.
2	Πόλις.	Poli.	Polis.		53	Póli tou Khrysokhoú.	
3	Νέον Χωρίον.	Iniochorgo.	Néon Chorion.		7	Néo Khorío.	
4	Δρούσια.	Trouscha.	Drussia.		53	Droúsia.	
5	Οἴνια.	Ignia.	Inia.		43	Ignia.	
6	Κρίτου Τέρας.	Ghirit Tera.	Kritu Teras.		45	Krítou Téras.	
7	Κάτω Ἀχουρδάλια.	Kato Akourdalia.	Acrodalia.		15		
8	Ἄνω Ἀχουρδάλια.	Pano Akourdalia.					
9	Κάθηκας.	Cattika.	Katicos.		38	Káthiga ou Káïga.	
10	Θελέτρα.	Teletra.	Theletra		39	Thelétra.	
11	Γιόλου.	Yiolou.	Ghiolu.		39	Ghiólou.	
12	Ἀρώδες.	Arodès Rajah.	Arodès.		38	Páno Aroa.	
13	Μηλιού.	Miliou.	Milliu.		7		

NOMS GRECS.	NOMS TURCS.	LISTE de Talaat-Effendi.	VILLAGES entièrement Turcs ou Maronites.	NOMBRE d'habitants chrétiens imposés.	NOMS portés sur ma carte. Nom actuel des localités.	Anciens noms français.
14 Σκαρφός.	Iscarios.	Skarios.		3	Skarphó.	
15 Σίμου.	Simou.	Zimu.		28	Símou.	
16 Λάσα.	Lasa.	Laza.		20	Lássa.	
17 Φύτη.	Fiti.	Foti.		37	Phóti ou Phyti.	
18 Μηλιά.	Milia.	Millia.		7	Miliá.	
19 Ἄγ. Δημητριανός.	Aia Dimitriano.	San Dimetri.		20	Háïos Dimitrianós.	
20 Κρίτου Μαρόττου.	Ghiriti Marot.	Kritu.		23	Krítou Marótto.	
21 Ἀναδιοῦ.	Anadiou.	Anadiu.	B.d.T.	1	Anádiou.	
22 Μελαμιοῦ.	Melamiou.	Melamiu.		2		
23 Λυσός.	Liso.	Lissos.		37	Lissó.	
24 Μελάνδρα.	Melandra.	Melandra.	B.d.T.	3	Melándra.	Melandres.
25 Μελάδια.	Melatia.	Meladia.		4		
26 Φιλοῦσα.	Filousa.	Filussa.		13		
27 Κινοῦσα.	Ginousa.	Kinuza.		8		
28 Περιστερῶνα.	Peristerona.	Peristerona.		16		
29 Ἅγιος Ἰσίδωρος.	Ali Sidoro.					
30 Γιαλιά.	Yialia.	Ghiallia.	B.d.T.	1	Iailliá.	Iaille.
31 Ἁγία Μαρίνα.	Aia Marina.	Santa Marina.		7		
32 Λιβάδι.	Livadièh.	Livadiu.		17		
33 Πωμός.	Boumo.	Pumos.		27	Poumó.	
34 Ἀργάκα.	Argaca.	Argaka.		11	Arkáka.	
35 Σκοῦλλι.	Iskoulli.				Skoúlli.	
36 Χόλι.	Choli.	Poli?		16	Gli ou Goli?	
37 Βουτί.	Voudi.	Vutin.		8	Voudí.	
38 Ἀνδρολίκου.	Androlikou.		T.		Androníko, ou Androlíkeui.	Androlique.
39 Πελαθοῦσα.	Pelattousa.		T.		Pelathoúsa.	
40 Ζαχαριᾶς.	Zacharga.		T.			
41 Κάτω Ἀρῶδες.	Arodès Islam.		T.		Káto Aroa.	
42 Λουκρούνου.	Loukrounou.		T.			
43 Τέρα.	Tera.		T.		Téras.	Taire? Terres?
44 Μακοῦνδα.	Makounda.		T.		Makónda.	
45 Καραμούλλιδες.	Caramoulès.		T.			
46 Φάσλι.	Fasli.		T.			
47 Κόκκινα.	Kotchina.		T.		Kókkino.	
48 Σαραμά.	Sarama.		T.		Saramá, ou Tarama.	
49 Ἰστιντζιό.	Istindjo.		T.		Tchió, ou Istindchió.	
50 Ἰμπρού.	Imbrou.		T.			
51 Τριμιθοῦσα.	Tirmittusa.		T.		Trémithoussá.	Tremethosie.
52 Ἅγιος Μερκούριος.	Aia Mercour.		T.			
53 Μυρμηγκόου.	Mirmingo.		T.			
54 Εὐρέτου.	Evretto.		T.		Hevretoú.	

	NOMS GRECS.	NOMS TURCS.	LISTE de Talaat-Effendi.	VILLAGES entièrement Turcs ou Maronites.	NOMBRE d'habitants chrétiens imposés.	NOMS portés sur ma liste. Nom actuel des localités.	Anciens noms français.
55			San Spiridion.		17		
56			Poli.		16		
57			Dulos.		7		
58						Tcherepi.	
59						Agretchiá, ou Ab-reisha [1].	
60						Lára.	
61						Drymou [2].	

IX. DISTRICT DE LEFKA.

	NOMS GRECS.	NOMS TURCS.	LISTE de Talaat-Effendi.	VILLAGES entièrement Turcs ou Maronites.	NOMBRE d'habitants chrétiens imposés.	Nom actuel des localités.	Anciens noms français.
1	Λεύκα.	Nefsi Lefkeh.	Lefka.	(3)	19	Léfka.	Lefques.
2	Εὐρύχου.	Evrichou.	Evriku.	B.d.T.	62	Evrikoú.	
3	Κυπεροῦντα.	Giberounda.	Kiperunta.		36	Kyperoúnta.	
4	Καλλιάνα.	Calliana.	Kalliana.		23	Kalliána.	Cagliane.
5	Κοράκου.	Corako.	Koraku.		36	Korákou.	
6	Λινού.	Linou.	Linu.		31	Linoú.	
7	Καλοπαναγιώτης.	Kalapanaiot.	Kalapanajoti.		61	Kalapanaïóti, ou Marathássa.	Marethasse.
8	Παλαιόμυλος.	Paliomilo.	Paleomilos.		16	Palæomylos.	
9	Μηλικούρι.	Milikour.	Milicuri.		33	Milikoúri.	
10	Ἅγιος Δημήτριος.	Aïa Dimitri.	San Demetri.		7		
11	Μουτουλλάς.	Moudoullah.	Mutullis.		40	Modoulá.	
12	Ἀγρολάδου.	Agrollado.	Agroladhu.		6	Agroládou.	
13	Βαρίσια.	Varisha.	Varisia.		2	Varísia.	
14	Ἀμπελικού.	Ambelikou.	Ambeliku.		11	Ampelikoú.	
15	Κάμπος.	Cambo.	Cambos.		48	Kámpo.	
16	Τσακκίστραι	Tchakistra.				Sakístras.	
17	Πρόδρομος.	Progromo.	Prodromos.		31	Pródromo.	
18	Λεμίθου.	Lemibou.	Lemithu.		63		
19	Φλάσου.	Iflasou.	Flassu.		20	Phláson.	Flaçe.
20	Ἅγιος Νικόλαος.	Aïa Nikola.	San Nicola.		5	Háïos Nikóla.	
21	Καμινάρια.	Caminarga.	Kaminaria.		29	Kaminária.	
22	Ἅγιος Γεώργιος.	Aïa Yorghi.	San Giorgio.		3		
23	Πεδουλάς.	Bedoulah.	Pedula.		61	Bedoulá.	
24	Καλὸν Χωρίον.	Kalo Chorgo.	Calon Korion.		4	Kalo Khório.	
25	Κακοπετριά.	Kakopetreh.	Cacopetria.		53	Kakopetriá, ou Ky-tropetriá.	
26	Σινᾶ Ὄρος.	Sinachor.	Sina Ori.		11	Sinagborós.	

1. Il ne serait pas impossible que ce village fût le même que Vretria, placé dans le Paphos, n° 48.
2. Peut-être Trimou, qui, géographiquement, me semble être dans le Khrysokho, est-il Δρύμου, n° 28, du district de Paphos?
3. Presque entièrement composé de Turcs.

	NOMS GRECS.	NOMS TURCS.	LISTE de Talaat-Effendi.	VILLAGES entièrement Turcs ou Maronites.	NOMBRE d'habitants chrétiens imposés.	NOMS portés sur ma liste.	
						Nom actuel des localités.	Anciens noms français.
7	Ἅγ. Ἐπιφάνειος.	Aïa Bifan.	San Epifanio.		5	Háïos Epiphánios.	
8	Κούρδαλι.	Kourdali.	Kurdali.		25		
9	Σπήλια.	Ispiglia.					
0	Γαλάτα.	Galatta.	Galata.		30	Galáta.	
1	Γερακιαῖς.	Yeradjès.	Geraki.		16		
2	Κατύδατα.	Katia.	Katidata.		18	Katídata.	
3	Τρείσελιαις.	Trisegliès.	Tris Eliès.		26	Trís Eliés.	
4	Χανδριά.	Khandria.	Chantria.		23		
5	Λουτρός.	Loutro.	Lutros.		18	Loutró.	
6	Τεμπριά.	Tembria.	Temberia.		27	Tembriá.	Tembries.
7	Γαληνή.	Ghalini.	Galini.		37	Galiní.	
8	Πύργος.	Pirgo.	Santa Maria di Pirgos.			Pyrgos.	
9	Ἀπλίχι.	Abblich.		T.		Aplíchi.	
0	Ἀμπέλια.	Ambelia.		T.			
1	Ξηρόβουνος.	Ixerovouno.		T.		Xeró Vounó.	
2	Ἅγιος Θεόδωρος.	Aïa Totoro.		T.		Háïos Theódoros.	Saint-Thodre.
3	Περιστερωνάρι.	Peristeronar.		T.		Peristeronári.	Presteron de la Mountain.
4	Ἀμμαδιαῖς.	Ammadhiès.		T.		Amadiès.	
5						Kanoubi.	
6						Miliá.	
7						Háïa Varvára.	
8							

X. DISTRICT DE MORPHO.

	NOMS GRECS.	NOMS TURCS.	LISTE de Talaat-Effendi.	VILLAGES entièrement Turcs ou Maronites.	NOMBRE d'habitants chrétiens imposés.	Nom actuel des localités.	Anciens noms français.
1	Μόρφου.	Omorfo.	Morfu.		63	Morphó.	Le Morf.
2	Μένικου.	Meniko.	Menico.		50	Menikó.	Menico.
3	Ἄνω Ζώδια.	Pano Zodia.	Ano Zodia.		56	Páno Zódias.	
4	Κάτω Ζώδια.	Kato Zodia.	Cato Zodia.		38	Káto Zódias.	
5	Ἀστρομερίτης.	Astromerit.	Astromeritis.		35	Astromeríti.	
6	Μάσαρι.	Massari.	Maroni?				
7	Ποτάμι.	Potami.	Potamin.		15	Potámi.	
8	Ἀργάκι.	Argadgi.	Argakin.		32	Argáki.	
9	Λιβάδι Συριανο-χωρίου.	Livadi Sirghiano-chor.	Livadia.		6		
10	Πεντάγια.	Pendata.	Pentaghia.		6	Pendáïa.	Pandée, Pendaies et S. Xife.
11	Πραστεῖον.	Praskio.	Praschion.		20	Kókkino Prastió.	
12	Ἀχάκι.	Akatcha.	Abakin.		45	Akáki.	
13	Πέτρα.	Petreh.	Petra.		49	Pétra.	Pètres.

	NOMS GRECS.	NOMS TURCS.	LISTE de Talaat-Effendi.	VILLAGES entièrement Turcs ou Maronites.	NOMBRE d'habitants chrétiens imposés.	NOMS portés sur ma carte.	
						Nom actuel des localités.	Anciens noms français.
14	Καπούτης.	Cabout.	Kaputi.		26	Kapoúti.	Capouti.
15	Ὀροῦντα.	Orounda.	Orunta.		15		Orondes.
16	Συριανοχώρι.	Sirghianochor.	Sirianokorin.		39	Syrianokhóri.	
17	Νικήτας.	Nidgida.	Nichitas.		12	Nikhíta.	
18	Κατωκοπιά.	Katacopia.	Catocopia.		39	Katokopiá.	
19	Περιστερῶνα.	Peristerona.	Peristerona.		45	Peristeróna.	Presteron dou plain.
20	Ἐλιά.	Eglieh.	Ellia.	B.d.T.	9	Egliá.	
21	Φιλιά.	Figlia.	Fillia.		18	Philiá ou Phigiá.	
22	Χρυσηλιοῦ.	Chirsougliou.	Hrissoliu.		7	Khrysoliou.	
23	Αὐλῶνα.	Avlona.	Avlona.		20	Avlóna.	Avelones, Avlones.
24	Δένια.	Degnia.	Denia.		1	Dénia.	
25	Κυρά.	Girah.	Chira.		27	Kyrá.	
26	Νικητάρι.	Nikitar.	Nichitarin.		9	Nikitári.	
27	Βυζακιά.	Vizadjah.	Visakia.		5	Visatchiá.	
28	Ξυλιάτος.	Ixillat.	Psilato.		5	Xyláto et Psiláto.	
29	Ἀγία Μαρίνα.	Aia Marina.	Santa Marina.		7	Háia Márina.	
30	Σαράντι.	Sarandi.	Sarantis.		30		
31	Λαουνδερά.	Laoudera.	Lundera.		11		
32	Καννάβια.	Cannavia.	Canavghia.		15		
33	Ἀγία Εἰρήνη.	Aia Irini.	Aghia Irini.		4	Háia Iríni.	
34	Πολύστειπος.	Polistipo.	Polistipos.		19		
35	Λιβάδι Ὀρεινῆς.	Livai.	Livadia.		7		
36	Ἀληθινοῦ.	Alihinou.	Alithinu.		11		
37	Πλατανιστάσα.	Platanistasa.	Platanistassa.		25	Platanistá.	
38	Ἄλωνα.	Alona.	Allona.		32		
39	Πτεριχούδι.	Iterikoui.	Pteicudy.		20		
40	Ἀσκάς.	Aska.	Aschas.		12		
41	Παλαιχώρι.	Palochor.	Paleohorin.		57	Páno Palæokhóri.	
42	Καζιβερά.	Kaziveran.		T.		Kassiverá.	
43	Φλοῦδι.	Idoui.		T.[1]		Phloúdin.	
44	Ἀγκολέμης.	Aggolem.		T.			
45	Κουταφάς.	Koutrafa.		T.		Páno Kotrepháki.	
46			Maroni.	T.	1	Káto Kotrepháki.	
47						Háios Geórgios.	
48						Háios Geórgios tou Sporoú.	
49						Kalo Khório.	

1. Phloudin était autrefois Maronite.

	NOMS GRECS.	NOMS TURCS.	LISTE de Talaat-Effendi.	VILLAGES entièrement Turcs ou Maronites.	NOMBRE d'habitants chrétiens imposés.	NOMS portés sur ma carte.	
						Nom actuel des localités.	Anciens noms français.

XI. DISTRICT D'ORINI ET TYLIRIÁ.

	NOMS GRECS.	NOMS TURCS.	LISTE de Talaat-Effendi.	VILLAGES entièrement Turcs ou Maronites.	NOMBRE d'habitants chrétiens imposés.	Nom actuel des localités.	Anciens noms français.
1	Σκιλλούρα.	Shilloúra.	Shillura.		20	Skilloúra.	Squllur.
2	Ἱερόλακκος.	Yerolakko.	Ierolaccos.		35	Hierólakko.	
3	Ἅγιος Δομέτιος.	Indgirli?	San Demetio.		31	Háïos Demetis, Káto et Páno.	Saint-Demetis.
4	Ἔγκωμη.	Engomi.	Engomi.		16		
5	Ἅγιοι Ὁμολογη-ταί.	Baldgi Ayasmasi.	Santi Omolo-ghitadès.		27	Omoloïtádes.	
6	Κάτω Λακατάμια.	Kato Lacatamia.	K. Lacatamia.		39	Káto Lakatámia.	Lacadamies.
7	Ἄνω Λακατάμια.	Pano Lacatamia.	A. Lacatamia.		25	Páno Lakatámia.	
8	Κάτω Δευτερά.	Kato Deftera.	Kato Deftera.		13	Káto Déftera.	
9	Ἄνω Δευτερά.	Pano Deftera.	Pano Deftera.		44	Ano Déftera.	
10	Ἐπισκοπιό.	Piscopio.	Episcopion.		15	Episkopión, ou Piskopió.	
11	Ἀνάγια.	Anaïa.	Anaghia.		12	Anághia.	Naya.
12	Ἐργάταις.	Arghatès.	Ergatès.		26	Ergátes.	
13	Πέρα.	Pera.	Pera.		57	Péra.	Pères.
14	Καμπιά.	Cambia.	Campia.		32	Kampiá.	
15	Καπέδες.	Capedès.	Kapedès.		33	Kapédes.	
16	Ἁγία Βαρβάρα.	Ala Varvara.	Sᵗᵉ Barbara.		55	Háïa Varvára.	
17	Ἀναλιόντας.	Analionda.	Anoliontas.		14	Analióntas.	
18	Μαθιάτης.	Mattiat.	Mathiatis.		13	Mathiátis.	
19	Λιθροδόντας.	Litronda.	Litrodontas.		94	Lithrodónda.	
20	Βαβατζινιά.	Vavachignia.	Vavatzinia.		19		Vavachimia.
21	Ἅγιοι Βαβατζι-νιᾶς.	Aious Vavachi-gnia.	Vavatzinia.		39		
22	Ὁδού.	Odou.	Odhu.		29		Odon.
23	Καμπί.	Cambi.	Campiu.		18		
24	Φαρμακάς.	Farmaka.	Farmakas.		34	Pharmaká.	
25	Παλαιχώρι.	Palochor.	Paleohorion.		51	Káto Palæokhóri.	
26	Ἀπλίκι.	Aplich.	Aplichin.		10		
27	Γούρρι.	Ghourri.	Ghurri.		18	Goúrri.	
28	Φικάρδου.	Fikardo.	Ficardu.		6		
29	Λασανιά.	Lazagnia.	Lasania.		13	Lasagniá.	
30	Κλήρου.	Iklirou.	Cliru.		39		Cliron.
31	Μερίκα.	Merika.	Merica.		14	Meriká.	Meriq.
32	Ἀρεδιοῦ.	Arediou.	Arediu.		18	Aredioú.	Araizon?
33	Μαλούντα.	Malounda.	Malunda.		19	Malounda.	
34	Ἅγιος Ἐπιφάνειος.	Ala Bifan.	San Epifanio.		9	Háïos Epiphánios.	
35	Ἅγ. Ἰωάννης Μα-λούντας.	Ala Yanni Ma-lounda.	San Giovanni Malunda.		15	Háïos Ioánnis tou Maloúndas.	

	NOMS GRECS.	NOMS TURCS.	LISTE de Talaat-Effendi.	VILLAGES entièrement Turcs ou Maronites.	NOMBRE d'habitants chrétiens imposés.	NOMS portés sur ma carte.	
						Nom actuel des localités.	Anciens noms français.
36	Ἀγροκηπιά.	Agrodgibia.	Agrochipia.		6		
37	Μιτσερόν.	Mitzero.	Mitzeron.		12	Mitzeroú.	
38	Κάτω Μονή.	Kato Moni.	Kato Moni.		6	Káto Moní.	
39	Παλαιομέτοχον.	Paliometocho.	Paleo Metokon.		43	Palæó Metókhi.	
40	Ἅγιοι Τριμιθιᾶς.	Aiou Tirmittiah.	S. Grimitthias.		17	Tous Háïous.	
41	Μάμμαρι.	Mamari.	Mammari.		19	Mámmari.	
42	Τριμιθιά.	Tirmittiah.	Grimitthia.		29	Trimithiá.	
43	Ἅγιος Βασίλειος.	Aïa Vasil.	San Vasilios.		13		
44	Ἁγία Μαρίνα.	Aïa Marina.	Santa Marina.		11		
45	Καταλιόντας.	Katalionda.		T.		Katalióntas.	
46	Ἅγιοι Ἡλιόφωτοι.	Ilifotez.		T.			
47	Μαργί.	Marghi.		T.			
48	Κιόννελι.	Ghionneli.		T.		Kióneli.	
49	Κοτζιάτης.	Kotchat.		T.		Kotzátis.	
50				T.		Zinghírli.	
51						Trakóna.	
52				T.		Orta.	
53						Háïòs Dimitri.	
54						Metókhi tou Kykkou.	
55						Neo Khóri.	
56						Acherá.	
57						Philani.	
58						Politikon [1].	

XII. DISTRICT DE KYTHRÆA ou CHIRGA.

	NOMS GRECS.	NOMS TURCS.	LISTE de Talaat-Effendi.	VILLAGES entièrement Turcs ou Maronites.	NOMBRE d'habitants chrétiens imposés.	Nom actuel des localités.	Anciens noms français.
1	Κυθραία.	Deirmennik.				Canton de Chirga, ou Kythræa, ou Deirmennik, formé des villag. de :	
			Anocrissida.		40	Háia Marína, ou Ano Khrysida, ou Kythræa.	La Quithrie.
			Mesoclissi.		78	Mesoklissi.	
			Hordachiotissa.		61	Khordagiótissa.	
			Sirgania.		26	Sirkagná.	
			S. Andronico.		90	Háïos Andrónikos.	
				T.		Epikhó.	Opiho.
				T.		Bekioyo, ou Bey Keui.	

1. Politikon, porté sur les listes de l'archevêché et du pacha parmi les villages du Kythræa, paraît être nécessairement de l'Orini. MM. Cerruti ont traversé ce village en se rendant de Péra au couvent de Saint-Héraclide.

NOMS GRECS.	NOMS TURCS.	LISTE de Talaat-Effendi.	VILLAGES entièrement Turcs ou Maronites.	NOMBRE d'habitants chrétiens imposés.	NOMS portés sur ma carte. Nom actuel des localités.	Anciens noms français.
2 Βόνη.	Voni.	Voni.		53	Vóni.	Vony.
3 Παλαίχυθρον.	Palikitreh.	Palechitron.		24	Palæo Khytró.	Palo Quithro.
4 Τραγώνι.	Tarchon.	Trakon.		22	Trakhóni.	
5 Ἔξω Μετόχι.	Exomedosh.	Exo Metohin.		39	Exometókhi.	
6 Νέον Χωρίον.	Minareli Keui.	Neon Korion.		33	Minaré Keui ou Neokhóri.	
7 Μιὰ Μιλιά.	Euniamiglia.	Mia Milia.		30	Miá Milá.	Eniamelias.
8 Καϊμακλί.	Kaïmakli.		T.		Káto et Páno Kaï-makli.	
9 Ὀμορφίτα.	Omorfita.	Omorfita.		18	Omórphita.	Morfites.
10 Τράχωνας.	Ghizilbash Keui.	Trakonas.		25	Trákhonas, ou Ghi-zilbash Keui.	
11 Παλλουργιώτισσα.	Ballourghotissa.	Palurgotissa.		31	Palourghiótissa.	
12 Τύμβου.	Timbo.	Timbu.		29	Tymbo.	
13 Μαργός.	Margho.	Margho.	(1)	4	Margó.	
14 Πυρόγι.	Pirol.	Pyróghin.		8	Pyróghi.	Piroie.
15 Ἅγιος Σωζόμενος.	Aïa Sosomeno.	S. Sozomenos.		15	Háï Souzómeni.	St Sozomeno.
16 Ποταμιά.	Potamia.	Potamia.		7	Potamiá.	La Potamie.
17 Τσέρι.	Cheri.	Zerin.		36	Xéri.	Chérin.
18 Στρόβιλος.	Istrovillo.	Strobillos.		50	Stróvilo.	
19 Πολιτικόν [2].	Politiko.	Politicon.		18		
20 Ὑψωμαλόφου.	Simoloff.	Psolofu.		32	Psimolópho.	Psimolof.
21 Ἰδάλιον.	Dali.	Daly.		59	Dáli.	
22 Ὀλύμπια.	Limbia.	Olympia.		40	Lymbia, ou Olym-pia.	
23 Μάλλουρα.	Malloura.	Mallura.		2	Maloúra.	
24 Ψευδάς [3].	Ipsevda.	Psevda.		13	Psevdá [3].	
25 Κόρνας.	Corno.	Cornos.		49	Kórno.	
26 Δαλίκηπος.	Delidgibo.	Delychipos.		8	Dalíkipos.	
27 Μοσφιλωτή.	Mosfiloti.	Mosfiloti.		24	Mosphilóti.	
28 Σχιά.	Isha.	Sia.		21	Siá.	
29 Ἀλάμπρα.	Alambra.	Alambra.		24	Alámbra.	
30 Ἀγλαντσιά.	Aglandgeh.	Aglanzia.		24	Aglangiá.	Glanguie, Glange.
31 Νήσου.	Disdar.	Nisso.		17	Nísso ou Disdar.	Nison.
32 Πέρα Χωρίον.	Pera Chorgo.	Perakorion.		21	Perakhório.	
33 Γέρι.	Yeri.	Gherin.		31	Yéri.	
34 Λουρουκίνα.	Lourougina.	Luruchina.		10	Lourgína.	
35 Κάτω Χρυσίδα.	Kato Chrysia.	Katocrissida.	(4)	16	Káto Khrysída.	
36 Ἀποχώρι.	Abochor.		T.			

1. Presque tout Turc.
2. Semble appartenir géographiquement au district d'Orini et Tyliria.
3. Psevda et Korno me semblent être nécessairement du district de Larnaca, par la disposition des lieux.
4. Autrefois Maronite.

	NOMS GRECS.	NOMS TURCS.	LISTE de Talaat-Effendi.	VILLAGES entièrement Turcs ou Maronites.	NOMBRE d'habitants chrétiens imposés.	Nom actuel des localités.	Anciens noms français.
37	Κόσχη.	Coushi.		T.		Kóschi.	
38	Πέη Κιοϊ.	Bey Keui.		T.		Bekioyo, ou Bey Keui [1].	
39	Καλυβάκια.	Calavatch.		T.			
40	Γενιτζέ Κιοϊ [2].	Yenidgé Keui.		T.			
41	Κουροὺ Μοναστήρ.	Kourou Monastir.		T.			
42	Ὀρτά Κιοϊ.	Orta Keui.		T.			
43						Kilánemo.	
44						Groúsia.	Hrousides.
45						Háia Thálassa.	
46						Drápia.	
47				T.		Háï Saránda.	
48						Háïos Geórgios.	
49						Petropháni.	
50				T.		Teraphorie.	
51				T.		Tisdarkhoi.	
52						Tchah.	
53						Trypi.	
54						Agridia.	

XIII. DISTRICT DE LAPITHOS et KERYNIA.

	NOMS GRECS.	NOMS TURCS.	LISTE de Talaat-Effendi.	VILLAGES entièrement Turcs ou Maronites.	NOMBRE d'habitants chrétiens imposés.	Nom actuel des localités.	Anciens noms français.
1	Κυρήνεια.	Ghirineh.	Cerigna.		43	Kerynia et Kyrínia.	Cérines, Chérines.
2	Ἅγιος Ἀμβρόσιος.	Aï Groch.	S. Ambrosio.		59	Háïos Ambrósios, ou Háï Grosch.	
3	Καλογραία.	Kalorga.	Calogria.		19		
4	Χάρτζια.	Khartcha.	Hartzia.		11	Khártzia.	
5	Ἅγιος Ἐπίκτητος.	Tchattal Keui.	SanEpichitos.	B.d.T.	26	Sandal Keui, ou Háïos Epíctitos.	
6	Κλεπίνη.	Iklebin.	Clepini.	B.d.T.	6	Klepíni, ou Arab Keui.	
7	Καζάφανι.	Kazabifan.	Casafani.		57	Káto Kazáphani et Páno Kazáphani.	
8	Κάρμι.	Carmi.	Carmi.		85	Kármi.	
9	Τριμίθι.	Tirmitti.				Tremíthi.	
10	Ἐλιά.	Eglia.	Elia.		14	Elliá.	
11	Πτέρυχα.	Iftericha.				Ptérykha.	
12	Παλαιόσοφος.	Paliosofo.	Paleosofos.		12	Palæósophos.	
13	Καραβάς.	Karava.				Karavá.	

1. Voyez no 1.
2. Le Nouveau Village, qui ne peut être Neokhori, no 6.

	NOMS GRECS.	NOMS TURCS.	LISTE de Talaat-Effendi.	VILLAGES entièrement Turcs ou Maronites.	NOMBRE d'habitants chrétiens imposés.	NOMS portés sur ma carte. Nom actuel des localités.	Anciens noms français.
14	Λάπιθος.	Lapta.		T.		Lápithos.	La Pison.
15	Ἀσώματος.	Asomato.	Assomatos.	M.	20	Assómatos.	
16	Κοντεμένος.	Ghiordemen.	Contemenos.	M.?	21		
17	Καμπυλή.	Kambili.	Cambili.	M.	7	Gambili.	
18	Βασίλια.	Vasilia.	Vassiglia.		18	Vassília.	
19	Κορμαχίτης.	Kormakitis.	Kormachitin.	M.	51	Kormakíti.	
20	Ἀγία Εἰρήνη.	Aïa Irini.	Santa Irini.		16		
21	Διόριος.	Yorghos.	Diorios.		24	Diório, ou Yorghios.	
22	Καρπάσια.	Karpacha.	Carpassia.	M.	13	Karpáscha.	
23	Μύρτου.	Myrto.	Myrtu.		21	Myrtou.	
24	Λάρναξ Λαπίθου.	Larnaka.	Larnaca.		18	Lárnaka tou Lapíthou.	
25	Ἀγριδάκι.	Aghirdaki.	Agridachi.	B.d.T.	11	Agridá, ou Agridáki.	La Gride.
26	Σύσκλιπος.	Sisklip.	Syzalipos.		26	Sisálipos.	
27	Δίκωμον.	Dicomo.	Dicomon.		70	Páno et Káto Dikomo.	
28	Κουτζοβέντης.	Koutzivent.	Cutzoventi.		7	Koutzovénti.	
29	Βουνός.	Ghouno.	Vunos.	(1)	7	Vounós, ou Fáïos Romaeos.	
30	Σιχαρί.	Sikhari.	Sikarrin.		12	Sikhári.	
31	Τέμπλος.	Temblos.		T.		Témbros et Témplos.	Le Temple.
32	Τριμιθιά.	Tirmittia.		T.		Thermí?	
33	Ἅγιος Ἑρμόλαος.	Aïa Armola.		T.			
34	Φῶττα.	Khotta.		T.			
35	Κρηνί.	Kirni.		T.		Kriní, ou Kirní.	
36	Πίλετζε [2].	Pletcha.		T.		Blessia, ou Pletcha.	Plessie, Plaissie?
37	Καιόμουρζιου.	Kiomurdjou.		T.		Kiamourgik.	
38	Ἀγίρ Νταγί [3].	Aghir Dagh [3].		T.			
39	Μελανίσσικον.	Melanisiko.		T.		Melaníssiko et Belaníssiko.	
40			Marghin.	M. [4]	3	Marghi.	
41						Prodromos.	
42				M. [5]		Santa Maria.	
43				M. [6]		Bedélia.	

1. Autrefois Maronite.
2. Nom altéré par la prononciation turque.
3. Peut-être ce village turc d'Aghir Dagh est-il le même que le village d'Aghirdaki, n° 25, presque entièrement habité par des Turcs.
4. En ruines.
5. Abandonné.
6. Ruiné.

NOMS GRECS.	NOMS TURCS.	LISTE de Talaat-Effendi.	VILLAGES entièrement Turcs ou Maronites.	NOMBRE d'habitants chrétiens imposés.	Nom actuel des localités.	Anciens noms français.
					Riatiko.	
			T.		Binzela, ou Min-zeli.	
			T.		Taourda.	
			T.		Trapeza.	

XIV. DISTRICT DE LA MESSORÉE ou MESSARIA.

	NOMS GRECS.	NOMS TURCS.	LISTE de Talaat-Effendi.	VILLAGES entièrement Turcs ou Maronites.	NOMBRE d'habitants chrétiens imposés.	Nom actuel des localités.	Anciens noms français.
1	Βατιλή.	Vatili.	Vassili.	B.d.T.	58	Vatíli, ou Vassilí.	
2	Ἀθιένου.	Attioni.	Athienu.		155	Athiénou.	Athienon?
3	Στρογγυλό.	Istrongilo.	Stronghilo.	•	18	Stronghyló.	
4	Ἀβδελλερόν.	Avdellero.	Avdellero.		8		
5	Αἰγοπέτρι.	Liopetri.	Ligopetrin.	(1)	6	Liopétri.	
6	Γέναγρα.	Yenarga.	Enacra.		23	Yénagra.	Enagre.
7	Βιτσάδα.	Vitchata.	Vitzadha.		8	Vitzáda.	
8	Ἀγκαστίνα.	Angastina.	Angastina.		37	Angastína.	
9	Κνόδαρα.	Konetra.	Cnodara.	B.d.T.	7	Knódara.	
10	Μαραθοβοῦνος.	Maratovouno.	Marato Vunon.		90	Marathó Vouná.	
11	Ἅγιος Νικόλαος.	Ala Nikola.	San Nicola.		7	Háï Nikóla.	
12	Τρυπημένη.	Tirmen.	Tripimeni.		37	Trypiméni.	
13	Μουσουλίδα.	Mousoulita.	Mussulita.		21	Moussolitá.	
14	Λευκόνικον.	Lefkonouk.	Lefconico.		139	Lefkóniko.	
15	Ἄσχα.	Pacha Keui.	Ascia.		89	Aschia, ou Pacha Keui.	Asquie.
16	Τροῦλλοι.	Istroullos.	Trulli.		18	Stroúllos.	
17	Σωτῆρα.	Sotira.	Sotira.		57	Sotíra.	
18	Ξυλοφάγου.	Ixilofaou.	Xilofagu.		25	Xylophágou.	
19	Ἁγία Νάπα.	Ala Nappa.	Santa Napa.		27	Háïa Nápa.	
20	Λύσις.	Lisi.	Lissi.		87	Lýssi.	
21	Περιβόλια Λύσης.	Lisi Batcheleri.	Livadia Lissi.		25	Livádia Lýssi.	
22	Μακράσυκα.	Macrasika.	Machrasica.		19	Makrássyka.	
23	Καλοψίδα.	Kalopsida.	Kalopsida.		86	Kalopsída.	
24	Τύμβου.	Timbo.	Timbo.		17	Tymbo.	
25	Ἄθνα.	Achna.	Ahna.		81	Athna.	
26	Ὀρμήδια.	Ormidia.	Ormidia.		21	Oromídia.	
27	Αὐγώρου.	Avghorou.	Avgoru.		52	Avgórou et Ovgóros.	Avegore.
28	Ἄρσος.	Artchos.	Arsos.		14	Arsoús.	
29	Τρεμεθουσιά.	Terementecha.	Tremetussia.		15	Tremethoússia.	La Tremetossie.
30	Ἀφάντια.	Afania.	Afantia.		27	Aphándia, ou Fándia.	

1. Beaucoup de Turcs ou de *Linobambaci*, anciens chrétiens pratiquant encore secrètement.

	NOMS GRECS.	NOMS TURCS.	LISTE de Talaat-Effendi.	VILLAGES entièrement Turcs ou Maronites.	NOMBRE d'habitants chrétiens imposés.	NOMS portés sur ma carte.	
						Nom actuel des localités.	Anciens noms français.
31	Γούφαις.	Koufès.	Gufes.		6	Goúphes.	
32	Ἄκανθού.	Agathou.	Acanthu.		102	Akanthoú, dit Aga- thoú.	Acathou.
33	Φλαμούδι.	Iflamouf.	Flamudi.		28	Phlamoúdi, ou Vla- moúdi.	
34	Μανδραλέξι.	Mandralexi.	Mandralexi.		12	Mándræs Aléxi.	
35	Λάπαθος.	Lapattos.	Lapathos.		8	Lápathos.	
36	Σύγκρασις.	Singrasi.	Singrassis.		25	Syngrasi.	
37	Σπαθαρικόν.	Ispattariko.	Spataricon.	(1)	10	Spatharikó.	
38	Παραδεῖσι.	Parais.	Paradissin.		11	Paradísi.	Le Paradis.
39	Ἀρναδί.	Arnai.	Arnadi.		16	Arnadhí.	
40	Ἅγιος Γεώργιος Σπαθαρικοῦ.	Aïa Yorghi Ispat- tariko.	San Giorgio.		35	Háïos Geórgios Spatharikoú.	
41	Γύψου.	Ipsos.	Ipsu.		63	Ypsos.	
42	Μηλιά.	Miglia.	Miglia.		21	Miliá.	
43	Πυργά.	Pirgha.	Pirgha.		51	Pyrgá.	
44	Περιστερῶνα.	Peristerona.	Peristerona.		32	Peisteróna tis Messarías.	
45	Πηγή.	Pighi.	Pighi.		20		Piguy.
46	Σανδαλάρης.	Sandalar.	Schitalari.		6	Skitalári, ou San- dalar.	
47	Γαϊδουράς.	Ghaïdoura.	Gaïdura.		18	Gaïdourá.	
48	Πραστεῖον.	Praskio.	Praschion.		69	Prastió tou Sy- gouri.	Le casal de Si- vorie.
49	Στύλοι.	Istillos.	Stilli.		21	Stylous.	
50	Μελούσια.	Melousha.		T.			
51	Κούκλια.	Koukleh.	Kuclia.	T.	4	Koúklia.	
52	Ἄρτεμις.	Artemi.		T.		Artémi.	
53	Πέργαμος.	Pergamo.		T.		Pérgamo.	
54	Πλατάνι.	Platan.		T. [2]		Platáni.	
55	Ἅγιος Ἰάκωβος.	Aïa Nakofo [3].		T.			
56	Σίντα.	Sinda.		T.		Sínta, ou Zónta.	Sindes.
57	Πετροφάνου.	Petrochan.		T.			
58	Ἀλῶδα.	Alota.		T.		Alóda.	
59	Μαράθα.	Maratta.		T.		Marátha.	
60	Μόρα.	Mora.		T.		Móra, ou Mbóra.	Mores.
61	Ὀρνίθι.	Ornoutta.		T.		Orníthi.	L'Orniphe.
62	Τσάδος.	Tchattos.		T.		Ziádos.	
63	Μελούντα.	Melounda.		T.		Meloúnda.	
64	Ἅγιος Χαρίτων.	Aïa Charito.		T.			

1. Autrefois Arménien.
2. Autrefois Arménien.
3. Il y a un village de Saint-Jacques à l'Ouest du bois de genévriers d'Yerani, près des limites de la Messorée, mais dans le Karpas.

	NOMS GRECS.	NOMS TURCS.	LISTE de Talaat-Effendi.	VILLAGES entièrement Turcs ou Maronites.	NOMBRE d'habitants chrétiens imposés.	NOMS portés sur ma carte. Nom actuel des localités.	Anciens noms français.
65	Ψιλλάτος.	Ipsillat.		T.		Psiláto.	
66	Κορνόκηπος.	Ghiornetch.		T. [1]		Kornókipos.	
67	Ἅγια Κεπίρ.	Aïa Kebir.		T.		Háia.	Aguia, Aïa.
68						Konteá.	
69						Háïa Lávra.	
70						Avgassída.	
71						Apaléstra.	
72						Pistáki.	Le Pistac.
73						Mándia.	
74						Prastiáka.	
75						Ridgélia.	
76						Háï Nikandro.	
77						Mavrospilios.	
78						Háïos Geórgios.	
79						Ilita.	

XV. DISTRICT DE FAMAGOUSTE,

ORDINAIREMENT RÉUNI A CELUI DU KARPAS.

	NOMS GRECS.	NOMS TURCS.	LISTE de Talaat-Effendi.	VILLAGES entièrement Turcs ou Maronites.	NOMBRE d'habitants chrétiens imposés.	NOMS portés sur ma carte. Nom actuel des localités.	Anciens noms français.
1	Ἀμμόχρυστος.	Maghousa.		T.		Ammókhoustos, ou Maghousa.	Famagoste.
2	Βαρόσια.	Varosh.				Varóschia et Páno Varóschia.	
3	Ἔγκωμη.	Engomi.	Engomi.		25	Enkomi.	
4	Δερίνια.	Derignia.	Derinia.		76	Derígnia.	
5	Ἅγιος Σέργιος.	Aïa Serghi.	San Serghio.		59	Haï Sérghios.	St Serge, St Sergui.
6	Αἰμιά.	Limia.	Limnia.		56	Limniá.	
7	Παραλίμνι.	Paralim.	Paralimni.		74	Paralímni.	
8	Ἀχερήτου.	Ghiouverdginnik.	Acheritu.		26	Ascherito, ou Ghiouverdginnik.	
9	Φρένναρος.	Fermaros.	Frenaros.		31	Phrénaros.	
10						Trápeza.	

XVI. DISTRICT DU KARPAS.

	NOMS GRECS.	NOMS TURCS.	LISTE de Talaat-Effendi.	VILLAGES entièrement Turcs ou Maronites.	NOMBRE d'habitants chrétiens imposés.	NOMS portés sur ma carte. Nom actuel des localités.	Anciens noms français.
1	Τρίχωμον.	Tircomo.	Tricomon.		85	Tríkomo.	
2	Ἅγιος Ἡλιάς.	Aïa Elia.	San Ilia.		35	Hágios Ilías.	

1. Autrefois Arménien.

	NOMS GRECS.	NOMS TURCS.	LISTE de Talaat-Effendi.	VILLAGES entièrement Turcs ou Maronites.	NOMBRE d'habitants chrétiens imposés.	Nom actuel des localités.	Anciens noms français.
3	῎Αρδανα.	Ardana.	Ardena.		23		
4	Γεράνι.	Yerani.	Ghernnin.		16	Yeráni.	
5	Πατρίκι.	Pattrich.	Patrichin.		30	Patríki.	
6	Γαστριά.	Ghastirga.	Gastria.	(1)	23	Gastriá.	La Castrie.
7	Καμάραις.	Kamarès.	Kamares.		6	Kamáræs.	
8	Κώμη Κεπίρ [2].	Comi Kebir.	Komi Kibir.	B.d.T.	38	Khóma Kebír.	
9	Λιβάδι.	Livadia.	Livadin.		8	Livádi.	
10	Δαυλός.	Davlos.	Davlos.		25	Davló.	
11	῾Επταχώμη.	Eftacomi.	Eftacomi.		42	Heptakómi.	
12	Λιονάρισσος.	Ziamet.	Lionarisso.		57	Lionárissa, ou Ziamet.	
13	Βασίλι.	Vasili.	Vassiliu.		23	Vasíli.	
14	Κειλάνεμος.	Gilanemos.	Cilanemo.		7	Kilánemo.	
15	Νέτα.	Néda.	Neta.		6	Néta.	
16	῎Αγιος Ἀνδρόνικος.	Aïa Androniko.	S. Andronico.		44	Háïos Andrónikos, ou Háïa Photoú.	Androlique.
17	Βοθύλακας.	Vottilaca.	Votilaca.		12	Vothylaka.	
18	Μελάναγρα.	Melanarka.	Melanarga.		12	Melánagra.	
19	Αἰγιαλοῦσα.	Yalousa.	Ghialussa.		55	Yialoúεsa.	
			San Andreas.	B.d.T.	37	Rhizo Kárpasso, Háïos Andreas, ou Háïa Trias.	Le casal du Carpas.
20	῾Ριζοκάρπασον.	Dip Carpas.	Anavrasis.		31	Anavrysi.	
			Lecu.		33	Lekó tou Haïou Sinesi.	
						Potamia.	
21	Λιθράγκωμη.	Littraugomi.	Litraugomi.		11	Lithránkomi.	
22	Κώμη Αἰγιαλοῦ.	Commialik.	Komi.		21	Khóma tou Yaloú.	
23	Βοκιολίδα.	Vokolitta.	Vocolida.	B.d.T.	21	Vokolída.	
24	Ταῦρος.	Tauros.	Tavru.		13	Távro.	
25	῎Αγιος Θεόδωρος.	Aïa Totoro.	San Teodoro.		19	Hái Theódoro.	Saint Thodre.
26	Γαληνόπορνη.	Kaleh Bournou.		T.		Galinóporni, ou Kalébournou.	
27	Κορόβια.	Korovia.		T.		Koróvgia.	
28	῎Αγιος Σιμεών.	Aïa Simeon.		T.		Háïa Simeón.	
29	Γαλάτια.	Galattia.		T.		Galatiá.	
30	Κρίδια.	Gridia.		T.		Kritiá.	
31	Μοναργά.	Monarga.		T.		Monargá.	
32	῎Οβγορος.	Ovgoros.		T.		Ovgoros.	

1. Autrefois Maronite.

2. Bien que les copies de la liste de l'archevâché que j'ai eues à ma disposition portent toujours indistinctement par un K les noms assez nombreux du Karpas dans la composition desquels entrent les mots Xῶμα (digue, terrasse) et Κώμη (village), je crois que la disposition des lieux autorise le X presque partout, et notamment au n° 8 : *la grande digue* ou *la grande terrasse*, et au n° 22 : *la digue de la mer*.

	NOMS GRECS.	NOMS TURCS.	LISTE de Talaat-Effendi.	VILLAGES entièrement Turcs ou Maronites.	NOMBRE d'habitants chrétiens imposés.	NOMS portés sur ma carte.	
						Nom actuel des localités.	Anciens noms français.
33	Τοψού Κιοῖ.	Topchi Keui.		T.		Topchi Keui, ou Háï⁰⁰ Andrónikos.	
34	Πλατανισσός.	Plataniakia.		T.		Platanissó.	
35	Ἅγιος Εὐστάθιος.	Al Statt.		T.			
36	Αὐγολίδα.	Ovgolida.		T.		Avgaliá, ou Avgolida.	
37			San Memmo.		59	Eáï Memmó.	
38			Savros.		20		
39			Santa Zoni.		52		
40			San Nicola.		32		
41			Santa Paraschevi.		18		Sainte Verredi.
42							
43						Makrou.	
44						Epiotissa.	
45				(1)		Stalia.	
46						Haï Tzerisso.	
47						Villargha.	
48				T.		Elisti.	Canacaire.
49						Kanakárga.	
50						Kómi.	
51						Livadia tou Trikomo.	
52						Háïos Iákovos [2].	

1. Ancien village Maronite.
2. Voyez Nestorée, nº 55.

L. DE MAS LATRIE.

(Extrait de la *Bibliothèque de l'École des Chartes*, septembre–octobre 1862.)